Las pruebas de la existencia de Dios en la filosofía

Enrico Berti

Las pruebas de la existencia de Dios en la filosofía

Nota de Luca Grecchi

Prólogo de Alejandro G. Vigo

Traducción de Stefano Cazzanelli

Título en idioma original: *Le prove dell'esistenza di Dio nella filosofia*

© 2022 Editrice Morcelliana, Via Gabriele Rosa, 71 - 25121 Brescia
© Ediciones Encuentro S.A., Madrid 2026
Prólogo de Alejandro G. Vigo
Traducción de Stefano Cazzanelli

Colección Nuevo Ensayo, nº 181

Fotocomposición: Encuentro-Madrid
Impresión: Cofás-Madrid
ISBN: 978-84-1339-262-2
Depósito Legal: M-100-2026
Printed in Spain

Para cualquier información sobre las obras publicadas o en programa y para propuestas de nuevas publicaciones, dirigirse a:

Redacción de Ediciones Encuentro
Conde de Aranda 20, bajo B - 28001 Madrid - Tel. 915322607
www.edicionesencuentro.com - info@edicionesencuentro.com

ÍNDICE

PRÓLOGO

Enrico Berti (Valeggio sul Mincio 1935 - Padua 2022) fue, sin lugar a duda, uno de los mejores y más completos aristotelistas de la segunda mitad del siglo XX, si es que no el mejor y el más completo. Nacido en Valeggio sul Mincio en la provincia de Verona, Berti estudió filosofía en la Universidad de Padua, donde se graduó en 1957 y fue profesor asistente entre 1961 y 1964. Entre 1965 y 1969 enseñó en la Universidad de Perugia y en 1971 regresó a la Universidad de Padua, en la cual se desempeñó hasta su retiro en 2009 y fue nombrado profesor emérito en 2010.

No es posible dar aquí una idea siquiera aproximada de la vastísima actividad de Berti como docente universitario, como referente de la filosofía académica europea y como investigador especializado. El listado de sus publicaciones es verdaderamente impresionante, no sólo por su amplísimo número, sino también por su extraordinaria calidad. Su influencia en la investigación especializada ha sido enorme y su nombre es, hasta el día de hoy, una referencia obligada en los estudios aristotélicos. Pero Berti fue, además, un pensador de su propio tiempo, preocupado por la situación del mundo contemporáneo, a la que intentaba comprender mejor, a la luz de lo que, a su juicio, era la herencia siempre vigente del pensamiento clásico occidental. Por lo mismo, su aristotelismo, si es que se lo puede llamar así, era ajeno a toda pretensión dogmática y a todo falso tradicionalismo.

Berti descubrió a Aristóteles a través de su maestro Marino Gentile (1906-1991), el fundador de la llamada «Escuela neoaristotélica de Padua». Inicialmente, el interés de Berti se concentraba en el debate contemporáneo en torno a la viabilidad de la metafísica tradicional y en la cuestión relativa a las relaciones entre la filosofía y la fe cristiana. El consejo de Gentile lo condujo hasta Aristóteles, el pensador que iba a ocupar el centro del interés, a lo largo de toda extensa su carrera. Dado su propio trasfondo, Berti se aproximó primero a la filosofía teórica de Aristóteles y, especialmente, a su metafísica. Poco a poco, sin embargo, su interés se fue desplazando hacia el Aristóteles práctico, que se hizo dominante en los años 80. Hacia el cambio de siglo se observa, por último, un retorno a las fuentes, cuya magnífica culminación se encuentra en la edición bilingüe anotada de la *Metafísica*, publicada en 2017[1].

En el marco de ese retorno a las inquietudes metafísicas de los comienzos se inscriben también algunos cursos ocasionales[2], entre los cuales destaca especialmente el que se incluye en este volumen, impartido en 2009 y dedicado a las pruebas de la existencia de Dios elaboradas en la historia de la filosofía occidental. Lo que Berti ofrece aquí, con la sobriedad de estilo que siempre lo distinguió, es fundamentalmente una discusión de los argumentos ofrecidos

---

[1]   Aristotele, *Metafisica*, con testo greco a fronte, traduzione, introduzione e note di E. Berti, Bari – Roma 2017. Una explicación de la necesidad de esta nueva traducción, a la luz del estado actual de la discusión sobre la tradición manuscrita, y de la hipótesis interpretativa en la que se apoya el trabajo realizado se encuentra en E. Berti, *Tradurre la «Metafisica» di Aristotele*, Gianico 2017. En un curso impartido en 2005, con ocasión de la concesión del Premio Internacional de Filosofía «Antonio Jannone» (Pontificia Universidad de la Santa Cruz, Roma), Berti ya había ofrecido una interpretación de conjunto de la obra, que fue publicada poco después en el volumen titulado *Struttura e significato della «Metafisica» di Aristotele*, Roma 2006.

[2]   Véase, por ejemplo, E. Berti, *Ser y tiempo en Aristóteles*, Buenos Aires 2010, que recoge un curso impartido en la Universidad Católica de Santa Fe, Santa Fe, Argentina, en 2008.

por una serie de grandes pensadores, que abarca desde Aristóteles hasta Leibniz, pasando por san Anselmo, santo Tomás y Descartes. El tratamiento de estos argumentos tradicionales se complementa con una revisión de las críticas formuladas por Hume y Kant, y también de la réplica de Hegel a la crítica kantiana. A modo de cierre, Berti incluye también una consideración de los aportes realizados, en el contexto de la filosofía italiana del siglo XX, por los representantes de la «Escuela neoescolástica de Milán» y la «Escuela neoaristotélica de Padua», de la que él mismo se consideraba un continuador. No tiene mayor sentido abundar aquí en el detalle de la exposición de Berti, pues su claridad didáctica, verdaderamente magistral, hace innecesario el recurso a todo auxilio interpretativo adicional. Me limito, pues, a unas pocas indicaciones más generales, que ayuden a comprender un poco mejor el modo en el que Berti aborda la materia tratada en el curso.

Una primera indicación tiene que ver con el tema mismo, las pruebas filosóficas de la existencia de Dios, y con el modo en el que Berti se sitúa frente a él. En la breve «Advertencia» antepuesta al texto del curso, Berti explica que nunca había abordado el asunto de modo independiente en sus más de cuarenta años de carrera docente. Aceptó dictar el curso, sobre todo, por su deseo de corresponder a la invitación del profesor Giovanni Ventimiglia, pero comprendió, al mismo tiempo, que el curso le ofrecía también la posibilidad de una reflexión personal. Esta actitud que combina sutilmente distancia y proximidad respecto del tema a tratar se complementa con una advertencia concerniente a su verdadero alcance. En tal sentido, Berti se preocupa por disipar, desde el comienzo mismo, lo que considera un lamentable malentendido, compartido a menudo por apologetas y detractores. Tal malentendido consiste en la suposición de que las pruebas filosóficas de la existencia de Dios apuntarían al objetivo de «suscitar» la fe en una determinada religión, en particular, la religión cristiana. Por el contrario, Berti subraya que, desde el punto de vista estrictamente filosófico, ese no puede ser el propósito de dichas pruebas. Si se espera poder rescatar su valor filosófico, ellas deben verse como lo que propiamente son: intentos de esclarecimiento que se enmarcan en una indagación puramente racional, sin estar al servicio de una finalidad extrínseca. Berti —que siempre se declaró creyente católico, aunque sin considerarse un «filósofo católico», en el sentido que suele darse a esa expresión— cree que la relación entre las pruebas filosóficas de la existencia de Dios y la fe debe entenderse de un modo diferente, mucho menos pretencioso. Se trata de pruebas que no pretenden «suscitar» la fe, ni podrían hacerlo, aunque ocasionalmente hayan podido contribuir a que algunas personas den ese paso crucial que las convierte en creyentes. Más bien, su rendimiento se agota, piensa Berti, en que hacen posible la fe, desde el punto de vista que corresponde al ejercicio de la razón, a saber: en la medida en que abren un espacio de comprensión situado más allá de los límites infranqueables que pretenden establecer aquellas filosofías que sancionan una clausura de la razón en la inmanencia. En tal sentido, y de modo completamente consecuente, Berti subraya también la imposibilidad de degradar la fe al rango de una mera conclusión que se alcanza por vía demostrativa: la fe no puede ser, a su juicio, sino una «elección», vale decir, un acto libre, que, en último término, estaría fundado en la confianza que se deposita en ciertos testigos. Como él mismo lo aclara, Berti no se considera teólogo, de modo no habla en esa calidad. No debería llamar demasiado la atención, por tanto, que, en su caracterización de la fe, no acuda tampoco a la noción de «don», tal como se la suele emplear en el discurso teológico.

Respecto de las pruebas mismas consideradas en el curso, Berti cree que se trata de argumentaciones imperfectas, cuyo valor probatorio se ve relativizado por la incidencia de factores contextuales de carácter histórico, cultural y científico, además de la ocasional presencia de determinados errores lógicos. En todo caso, consideradas como episodios o capítulos dentro de una suerte de trama argumentativa unitaria, que se extiende a lo largo de toda la historia del pensamiento metafísico, estas pruebas adquieren un valor adicional, que explica también su persistente interés: dan testimonio de la conciencia de la fundamental «problematicidad» del mundo empírico, de su insuficiencia autoexplicativa, que hace necesario el recurso a un fundamento último de carácter absoluto. Es aquí donde se advierte hasta qué punto el tratamiento de los aportes de la «Escuela neoristotélica de Padua», ofrecido en el último capítulo, proporciona la clave de lectura de toda la discusión precedente. En efecto, Berti ve en la «innegable problematicidad del mundo», puesta de relieve por su maestro Gentile, el punto de referencia último de todo genuino preguntar filosófico.

Siguiendo la huella de Gentile, el propio Berti intentó desarrollar lo que solía llamar una «metafísica humilde»: una metafísica que sabe de sus propias limitaciones, que se hace cargo del estado actual de la ciencia, y que, por lo mismo, no busca ya demostrar nada de modo definitivo. Más bien, se contenta con mantener siempre abierta la posibilidad de su propio preguntar y se limita, entonces, a refutar dialécticamente las pretensiones dogmáticas de las concepciones que se arrogan, de modo ilegítimo, la potestad de cancelar, de una vez y para siempre, dicha posibilidad[3]. Probablemente, a ciertos oídos esta caracterización de la que otrora fue la «ciencia primera» pueda sonar inaceptablemente cercana a Kant, un autor por el que Berti, ciertamente, no mostraba mayor simpatía, y que no forma parte de sus propios puntos de partida. Que Berti haya podido llegar a tal caracterización a través de una reflexión serena y profunda, aquilatada a lo largo de largas décadas, sobre las posibilidades que Aristóteles abre todavía al pensamiento contemporáneo es, pienso, una lección sobre la cual convendría detenerse a meditar con la misma serenidad de espíritu que Berti

---

[3] Para el desarrollo de estas ideas, véase E. Berti, *Introduzione alla metafisica*, Novara 2006 (= Torino 1993), esp. cap. III.

puso de manifiesto a lo largo de extensa y brillante su carrera. Esa sería, tal vez, la mejor manera de intentar hacer justicia a su impresionante legado.

Alejandro G. Vigo

LAS PRUEBAS DE LA EXISTENCIA DE DIOS EN LA FILOSOFÍA

ADVERTENCIA

El presente escrito tiene su origen en un curso que impartí en 2009 en la Facultad de Teología de Lugano[1]. Agradezco sinceramente a mi amigo Luca Grecchi su rigurosa y, en general, muy fiel transcripción, a partir de la cual, tras una revisión por mi parte, se ha elaborado este texto.

El curso estaba dirigido a estudiantes del primer ciclo de Filosofía y de Teología, algunos de los cuales provenían de escuelas donde se enseñaba filosofía, mientras que otros se habían formado en centros donde esta disciplina estaba completamente ausente. Esta diversidad me llevó, en muchos casos, a adoptar un nivel introductorio, por lo que el resultado quizá no esté a la altura de los especialistas en filosofía, a quienes —si llegaran a leerme— pido indulgencia por las posibles simplificaciones o carencias.

En mi larga trayectoria como docente universitario —más de 40 años— nunca antes me había tocado impartir un curso sobre las pruebas de la existencia de Dios: un tema que, en la segunda mitad del siglo XX, no estaba precisamente «de moda» y que, en todo caso, suele resultar más afín a profesores de universidades

---

[1] Se puede ver y escuchar la versión original en el sitio de la *Cattedra Rosmini:* https://www.rosminiinstitute.it/confronti/tomismo/le-prove-dellesistenza-di-dio-nella-filosofia-classica/.

eclesiásticas o con una orientación religiosa más explícita que la mía. Sin embargo, ante la petición expresa de una Facultad de Teología tan reconocida como la de Lugano —y en particular del director del Instituto de Filosofía Aplicada, el profesor Giovanni Ventimiglia— consideré justo aceptar la propuesta y convertir ese curso en una ocasión también de reflexión personal.

Quisiera, sin embargo, despejar desde el principio un malentendido —por desgracia muy extendido— que dificulta una discusión filosófica serena sobre este tema. Muchos creen que las llamadas pruebas de la existencia de Dios —consideradas como tales, naturalmente, solo por quienes las han formulado o aceptado como válidas— tienen por finalidad suscitar la fe en una religión, particularmente en la cristiana. Esta opinión está presente tanto en filósofos no creyentes, que atribuyen a tales pruebas una intención apologética y, por ello, descartan *a priori* su validez, como en filósofos creyentes —o incluso en creyentes no filósofos— que, remitiéndose por lo general a experiencias personales, consideran que esas pruebas no sirven para suscitar la fe, la cual tiene orígenes y motivaciones de muy distinta índole.

Ahora bien, al margen de que en ciertos casos concretos —pienso en algunas trayectorias personales— las pruebas hayan podido contribuir también a suscitar la fe, desde un punto de vista estrictamente filosófico debe reconocerse que ese no es, en absoluto, su propósito. Se trata, como muestra con claridad la historia de la filosofía —cuando se la conoce de verdad—, de argumentaciones filosóficas que merecen ser comprendidas en su formulación genuina y discutidas sin prejuicios ni intenciones particulares, porque forman parte de la auténtica filosofía.

Lo que sí me siento en condiciones de afirmar es que, si las pruebas de la existencia de Dios guardan alguna relación con la fe religiosa, esa relación no consiste en suscitar la fe, sino en abrir un espacio que la haga posible —*posible*, no obligada ni necesaria—. Esto no significa, por supuesto, que quien no conozca tales pruebas, o no las acepte, no pueda tener una fe religiosa auténtica. Significa, más bien, que quien posee una fe religiosa —especialmente la fe que exigen las grandes religiones monoteístas (judaísmo, cristianismo e islam)— reconoce al menos implícitamente que la existencia de Dios, es decir, de un Absoluto trascendente, no es imposible, sino que está presupuesta por la propia fe. Y por tanto, no puede aceptarse una filosofía de tipo inmanentista que excluya tal existencia.

La fe religiosa, en mi modesta opinión (pues no soy teólogo), es una elección: la decisión de confiar en determinados testigos. Estos pueden ser los profetas, en el caso del judaísmo; los apóstoles y los evangelistas —es decir, las primeras comunidades cristianas— en el caso del cristianismo; o Mahoma y los autores del *Corán* en el islam. Tener fe, a mi juicio, significa confiar, y esa confianza debe ser fruto de una decisión libre. Ahora bien, si se profesa una filosofía que excluye *a priori* la credibilidad de lo que afirman esos testigos —por considerarlo irracional, es decir, absurdo—, entonces no es posible confiar en ellos, es decir, no se puede tener fe. Esto significa que no se es libre de decidir si confiar o no, no se tiene la libertad de creer. Para tener la libertad de creer, es necesario rechazar ese tipo de filosofía y adoptar otra de signo opuesto, una que admita la posibilidad de la trascendencia, contando naturalmente con las razones filosóficas que permitan hacerlo. Las llamadas pruebas de la existencia de Dios, por tanto, sirven —si se aceptan— para otorgar esa libertad. A partir de ahí, cada cual decidirá, precisamente con libertad, si creer o no creer, según los motivos de credibilidad que, a su juicio, le presenten los testigos.

Naturalmente, este discurso concierne a quien es filósofo, es decir, a quien está interesado en saber, en última instancia, cómo están realmente las cosas en lo que respecta a aquello que más afecta a nuestra vida: las llamadas «causas primeras», que también pueden llamarse los «porqués últimos». De hecho —diría incluso, afortunadamente— no todos son filósofos; es más, en proporción al conjunto de los seres humanos, lo son poquísimos (aunque también podría pensarse que ya son demasiados). Por tanto, el discurso sobre las pruebas de la existencia de Dios interesa solo a los filósofos, mientras que todos los demás seres humanos pueden vivir perfectamente bien sin interesarse por él. Sin embargo, quien posea siquiera una mínima inclinación filosófica, no puede —en mi opinión— dejar de interesarse por él, aunque solo sea un poco.

Con ello no pretendo, hipócritamente, sustraerme a la pregunta —del todo natural en un lector de este escrito— de si yo, personalmente, considero válidas las llamadas pruebas de la existencia de Dios. A esa pregunta respondo que veo en las pruebas formuladas a lo largo de la historia otras tantas formulaciones imperfectas de una única gran argumentación, en la que, a mi juicio, puede resumirse toda la filosofía, o al menos aquella que Aristóteles llamaba «filosofía primera», es decir, la metafísica. Tales formulaciones son imperfectas por razones históricas: fueron expresadas en una determinada época, en un determinado lugar, con un determinado lenguaje, dentro de una determinada cultura, en relación con un determinado tipo de ciencia: todos ellos son factores históricamente condicionantes. Además, pueden ser imperfectas por razones personales, es decir, por defectos del autor, por errores lógicos, por desconocimiento de nociones científicas o por cualquier otro motivo.

Sin embargo, la argumentación de la que las pruebas de la existencia de Dios son formulaciones imperfectas es aquella que reconoce la total problematicidad del mundo de la experiencia, es decir, su insuficiencia para explicarse enteramente por sí mismo. Reconoce, en otras palabras, que no vivimos en un universo cerrado sobre sí mismo —por muy infinito que sea—, es decir, en un mundo sin ninguna apertura hacia el exterior, sin resquicio alguno, sin ninguna relación con algo distinto, con algo otro, con algo precisamente trascendente, necesario y suficiente para explicar la existencia, la persistencia y el funcionamiento de este mundo. Esa problematicidad, como se afirma en la última de las lecciones aquí presentadas, es improblematizable, es decir, innegable, porque problematizarla —ponerla en cuestión— no sería sino reproducirla, del mismo modo que la duda cartesiana es indudable, porque dudar de ella sería, precisamente, repetirla.

En esa problematicidad consiste la filosofía. No se trata solo de una característica del universo que nos rodea —es decir, del mundo de nuestra experiencia—, sino también de una actitud que nosotros asumimos, o de una condición en la que nos colocamos, si queremos ser filósofos. Es, en otras palabras, el preguntar: «un preguntar por todo que es todo preguntar». Ciertamente, no es obligatorio ser filósofo; se puede prescindir perfectamente de ello, y la mayor parte de los hombres siempre ha prescindido y siempre prescindirá de la filosofía. Pero quien está tocado por ese gusano, o por esa enfermedad, que es la filosofía, no puede dejar de problematizar, es decir, de preguntar. Y si pregunta de verdad, sinceramente —no por pose ni por exhibicionismo, no por el gusto de mostrarse escéptico o crítico, sino porque desea realmente una respuesta—, no puede evitar entrar en alguna relación también con las llamadas pruebas de la existencia de Dios.

He referido estas lecciones, en el título del curso, a la «filosofía clásica», entendiendo por esta expresión las posiciones de algunos grandes filósofos cuyo pensamiento sigue siendo objeto de discusión, así como las críticas que otros grandes filósofos han dirigido a dichas posiciones, críticas que también siguen presentes hoy en el debate filosófico contemporáneo. Además, he examinado otras dos posiciones —o corrientes— de la filosofía del siglo XX que se remiten a la tradición clásica, limitando mi atención al ámbito italiano por evidentes razones de economía espacio-temporal. A fin de cuentas, hablaba en una universidad de la Suiza italiana, en italiano, ante oyentes no italianos pero todos italófonos. Con todo, el discurso podría ampliarse a toda la filosofía contemporánea, de todos los países del mundo.

I. ARISTÓTELES

Este curso abordará las pruebas de la existencia de Dios tal como han sido desarrolladas por algunos grandes filósofos de la tradición occidental. En primer lugar, examinaremos a tres grandes autores clásicos: Aristóteles, Anselmo de Canterbury y Tomás de Aquino. A continuación, trataremos la versión moderna de dichas pruebas en autores como Descartes, Leibniz, Kant y Hegel. Finalmente, analizaremos cómo este problema fue tratado en el siglo XX por aquellas corrientes filosóficas que más se inspiraron en la tradición clásica, es decir, la escuela milanesa de filosofía neoescolástica y la escuela paduana de metafísica clásica.

Antes de entrar en materia, conviene aclarar por qué el curso comienza precisamente con Aristóteles, quien nunca se propuso —al menos de manera explícita— ofrecer pruebas de la existencia de Dios. La razón es que los filósofos de la Escolástica, que sí se plantearon explícitamente ese objetivo con fines apologéticos, recurrieron con frecuencia a estrategias argumentativas basadas en las pruebas elaboradas por el Estagirita.

Conviene aclarar desde el principio que, al igual que en el caso de Platón, el concepto de «Dios» que tenía Aristóteles era muy distinto del que más tarde adoptarán las grandes religiones monoteístas (judaísmo, cristianismo e islam). Aristóteles, como todos los griegos antiguos, era en efecto politeísta: creía en una multiplicidad de dioses que no eran absolutos, ni creadores, ni omnipotentes. Para Aristóteles, como para todos los antiguos griegos, los dioses eran seres animados —es decir, dotados de alma—, inmortales (lo que los diferenciaba de los humanos, llamados por ello mortales) y felices (a diferencia de los hombres, que son generalmente infelices). En cuanto inmortales, los dioses eran superiores a los hombres, y por eso nunca se dejaban ver por ellos, salvo en circunstancias excepcionales, como se narra, por ejemplo, en los poemas homéricos. Sin embargo, casi ningún griego —el caso de Teodoro el Ateo, así llamado precisamente por su negación de los dioses, causó gran escándalo— dudaba de la existencia de los dioses, seres cuya existencia, para los griegos, no necesitaba ser demostrada. El problema de la demostración de la existencia de Dios surge, en efecto, solo cuando nace la duda sobre su existencia; solo a partir de ahí surgen las demostraciones, las pruebas. Ahora bien, la duda nace a su vez cuando el ateísmo comienza a difundirse en el seno de una civilización.

Una vez aclarado el marco religioso en que se desenvolvía Aristóteles, podemos pasar al examen de los argumentos que él elaboró y que fueron utilizados por la teología cristiana —y, antes aún, por la teología musulmana— para demostrar la existencia de Dios. Los textos en los que el Estagirita expone estos argumentos son el libro VIII de la *Física* (capítulos 4 y 5) y el libro XII (capítulo 6) de la *Metafísica*. El argumento desarrollado en la *Física* se sitúa en el contexto de una investigación sobre la causa primera del movimiento, es decir, la llamada causa motriz primera. Parte de una afirmación que vale casi como un principio: «todo lo que se mueve es movido por algo». El movimiento, por tanto, requiere una explicación, o lo que es lo mismo, una causa. En otras palabras, el movimiento suscita la pregunta por el porqué: ¿por qué algo se mueve? Esta pregunta abarca no solo el movimiento espacial, sino cualquier otro tipo de movimiento, es decir, de cambio: alteración, crecimiento y disminución, generación y corrupción. Según Aristóteles, lo que se mueve no puede ser causa de su propio movimiento, sino que debe tener la causa de su movimiento en algo distinto. Ahora bien, si ese algo también se mueve, deberá a su vez haber sido movido por otra cosa, y así sucesivamente.

Aristóteles, sin embargo, afirma que no se puede retroceder hasta el infinito en la serie de las causas motrices, porque en ese caso el movimiento nunca llegaría a ser explicado. Es necesario, por tanto, remontarse a una causa primera, la cual no puede tener la causa de su movimiento en algo distinto de sí, sino que debe tenerla en sí misma; es decir, debe ser «automoviente» (*autokinêton*). No obstante, Aristóteles descarta la posibilidad de que esa causa sea completamente automoviente. Si el movimiento se concibe, como él mismo lo hace, como el paso de la potencia al acto, entonces una cosa, para ser movida, debería estar en potencia, y para mover, debería estar ya en acto. Por tanto, si admitiéramos que esta primera causa motriz es automoviente, tendríamos que aceptar también que está, al mismo tiempo y respecto al mismo movimiento, tanto en acto como en potencia, lo que contradiría el principio de no contradicción. Por eso Aristóteles concluye que la primera causa motriz debe ser inmóvil, y en virtud de ello se la llama «motor inmóvil».

Reproduzco a continuación los pasajes de la *Física* de los que se desprende el argumento expuesto anteriormente:

> Si todo lo que está en movimiento tiene que ser movido por algo, y si lo que mueve tiene que ser movido a su vez por otra cosa o no, y si es movido por otra cosa movida tendrá que haber un primer moviente que no sea movido por otra cosa, mientras que si éste es el primer moviente no tendrá necesidad de un moviente intermedio que sea también movido (pues es imposible que haya una serie infinita de movientes movidos por otro, ya que en una serie infinita no hay nada que sea primero); por lo tanto, si toda cosa en movimiento es movida por algo, y si lo que primero mueve también es movido, aunque no por otra cosa, entonces tiene que moverse por sí mismo[1].

---

[1]   Aristóteles, *Física*, traducción de G. R. de Echandía, Gredos, Madrid 1995, pp. 445-446 (VIII, 5, 256a13-256a22).

Pues bien, todo lo que está en movimiento tiene que ser divisible en partes siempre divisibles [...]. Es imposible, entonces, que lo que se mueve a sí mismo se mueva a sí mismo en su integridad; porque, si así fuera, al ser específicamente uno e indivisible sería desplazado en su totalidad y desplazaría con el mismo desplazamiento, y sería alterado y alteraría, y por lo tanto enseñaría y a la vez recibiría enseñanza, curaría y sería curado con la misma curación. Hemos establecido, además, que es movido lo que es movible; pero lo que es movible no está actualmente en movimiento, sino solo potencialmente, y lo potencial se encamina hacia su actualidad. Por otra parte, el movimiento es la actualidad incompleta de lo movible. El moviente, en cambio, está ya en acto; por ejemplo, lo que calienta es algo ya caliente y, en general, lo que genera una forma ya la posee. Por lo tanto, una misma cosa y bajo el mismo respecto podría ser a la vez caliente y no caliente[2].

Es evidente, entonces, después de lo que se ha dicho, que el primer moviente es inmóvil. Porque, tanto si la serie de lo movido que es movido por otro se detiene inmediatamente en algo que es primero e inmóvil, como si conduce a una cosa que se mueve y se detiene a sí misma, en ambos casos se sigue que en todas las cosas movidas el primer moviente es inmóvil[3].

Para comprender mejor esta argumentación, es necesario tener presente también la concepción antigua del universo. Para los griegos —y en particular para Platón— el universo era como una inmensa esfera, denominada «Cielo de las estrellas fijas», con otra esfera en su centro: la Tierra. Se trata, para decirlo con Thomas Kuhn, del modelo del «universo de dos esferas». Según las teorías predominantes en la Antigüedad, la Tierra permanecía inmóvil, mientras que el Cielo giraba a su alrededor con un movimiento circular. Para Aristóteles, todos los estados de la Tierra dependen de algún modo del movimiento del Cielo y, por tanto, del movimiento del Sol, que provoca el calor y el frío, determina las estaciones, marca el paso de los días, hace posible la vida de los animales

---

[2]   Ib., pp. 450-451 (VIII, 5, 257a33-257b11).

[3]   Ib., p. 454 (VIII, 5, 258b4-258b9).

y, en general, es causa de todo lo que vive. La causa primera del movimiento, el motor inmóvil, es entonces aquello que mueve el Cielo y, a través de él, mueve todo cuanto existe en el universo. De forma directa o indirecta, el motor inmóvil lo mueve todo, pero estamos aún lejos de la idea de un Dios creador.

Por lo demás, Aristóteles en la *Física* ni siquiera afirma que exista un solo Dios; de hecho, sostiene que podría haber varios motores inmóviles. En efecto, hay muchos planetas, los cuales presentan movimientos irregulares, y esto no se explica mediante un único movimiento circular. Los astrónomos antiguos —en particular Eudoxo de Cnido— tuvieron al respecto una idea genial: imaginaron que no existía un único cielo, sino múltiples cielos, es decir, varias esferas concéntricas conectadas entre sí, de tal modo que los movimientos de los planetas serían el resultado de los movimientos combinados de esas diversas esferas. Se trata de un proceso muy complejo de describir en detalle[4]. Pero lo importante es que cada cielo requería un motor inmóvil. Esta concepción era compatible con el politeísmo griego, y no es casual que los nombres de los planetas coincidieran con los de los dioses, nombres que aún hoy utilizamos en su versión latina: Venus, Marte, Júpiter, Saturno, etc.

El argumento de Aristóteles más utilizado para hablar de lo divino se encuentra, en todo caso, en el capítulo 6 del libro XII de la *Metafísica*. Allí el planteamiento difiere en parte del que acabamos de resumir a partir de la *Física*, ya que en la *Metafísica* el Estagirita se sitúa en un plano ulterior: sostiene que, junto a las muchas cosas que devienen y se corrompen, existen también algunas cosas eternas e incorruptibles, entre las cuales se encuentra precisamente el movimiento. En efecto, no puede afirmarse que el movimiento haya tenido un comienzo ni que pueda tener un

---

[4] Cf. Enrico Berti, *Sumphilosophein. La vita nell'Accademia di Platone*, Laterza, Roma-Bari 2010.

final. Admitir un inicio del cambio implicaría suponer un cambio anterior al cambio, lo cual es contradictorio; del mismo modo, también el fin del cambio es un cambio, por lo que también resulta contradictorio afirmar que el movimiento pueda tener un final. El movimiento es, por tanto, eterno.

Además del movimiento, el Estagirita sostiene que también el tiempo es una realidad eterna, que no ha tenido ni puede tener comienzo ni fin. Bien pensado, el argumento de Aristóteles es formidable: si el tiempo hubiera tenido un comienzo, ello implicaría que hubo un «antes» en el que el tiempo no existía; pero el «antes» es ya tiempo, y por tanto no puede haber tal «antes». Del mismo modo, si el tiempo tuviera un final, habría que admitir un «después» en el que ya no hubiera tiempo, pero el «después» es también tiempo, de modo que no puede haber tal «después». Por eso hay siempre tiempo, y hay siempre cambio, también porque el tiempo es la medida del cambio, y por tanto sería imposible tener uno sin el otro. Para Aristóteles, el universo, el mundo, es eterno y está siempre en movimiento. Para él no había un Dios creador, y es por este motivo que su pensamiento encontró durante mucho tiempo resistencia para ser aceptado en el seno del pensamiento cristiano.

Aristóteles criticó la concepción del mundo expuesta por Platón en el *Timeo*, según la cual un demiurgo habría dado forma a la materia preexistente siguiendo el modelo de las Ideas, en una suerte de «semicreación». Frente a esta visión, Aristóteles sostuvo que el mundo es demasiado perfecto como para que haya podido existir un demiurgo constructor del mundo. Esta, según Aristóteles, es una visión antropomórfica, indigna de la divinidad, y por ello rechazó la concepción platónica de lo divino.

Lo que hemos expuesto hasta ahora constituye el inicio del argumento desarrollado en el libro XII. Aristóteles prosigue afirmando que un movimiento eterno, para ser explicado, requiere una causa igualmente eterna que lo mueva de forma continua y que no pueda dejar de hacerlo. Esto implica que dicha causa debe estar completamente en acto y de ningún modo en potencia; pues, si lo estuviera, aunque solo en una mínima parte, existiría la posibilidad de que, en esa parte, dejara de actuar —es decir, de que no pasara al acto—, ya que no todo lo que está en potencia pasa necesariamente al acto. Por consiguiente, el motor del cielo debe estar total y exclusivamente en acto, y por ello debe ser inmóvil e inmutable.

«Acto», en griego, se dice *energeia*, término que también significa «actividad». Por tanto, esta causa es inmóvil, sí, pero no inerte: ejerce una actividad. ¿Y cuál es esa actividad? La única que no implica cambio: el pensamiento. No un pensamiento cambiante, que pasa de un contenido a otro, sino un pensamiento fijo en una verdad. Por ello, sería más apropiado traducir el término empleado por Aristóteles —*noêsis*— como «intelección». Este término designa una visión intelectual, es decir, la comprensión de una esencia que, en el caso del motor inmóvil —según Aristóteles—, coincide con su propia esencia.

Además, dado que el pensamiento es una forma de vida —pues una realidad carente de vida no puede pensar—, el motor inmóvil, si piensa, es viviente. Y dado que ejerce la actividad más noble y placentera que existe —que, para Aristóteles, es el pensamiento, o mejor dicho, la intelección—, es feliz. Ahora bien, en cuanto eterno, pensante y bienaventurado, este motor inmóvil posee todas las características que, según la mentalidad griega, definen a los dioses, y por tanto puede con razón ser considerado un dios. En consecuencia, los múltiples motores inmóviles pueden entenderse como una pluralidad de dioses jerárquicamente ordenados, lo que resulta plenamente coherente con el politeísmo griego. Esta concepción del cosmos, conocida históricamente como la «teología» de Aristóteles, inspiró en sus intérpretes posteriores —especialmente en el ámbito neoplatónico, musulmán y cristiano— la identificación del Dios supremo de la Biblia con el primero de los motores inmóviles.

Todo esto puede leerse en el texto siguiente.

Puesto que tres eran las entidades, dos las físicas y una la inmóvil, acerca de esta ha de decirse que necesariamente tiene que haber alguna entidad eterna inmóvil. En efecto, las entidades son las primeras de las cosas que son, y si todas ellas fueran corruptibles, todas las cosas serían corruptibles. Ahora bien, es imposible que se generen o destruyan ni el movimiento (pues existe de siempre) ni el tiempo, ya que no podrían existir el antes y el después si no hubiera tiempo. Y ciertamente, el movimiento es continuo como el tiempo, pues éste o es lo mismo o es una afección del movimiento. A su vez, no hay ningún movimiento continuo excepto el local y, de éste, el circular.

Por otra parte, si hubiera algo capaz de mover o de producir, pero que no estuviera actuando, no habría movimiento, puesto que lo que tiene potencia puede no estar actuando. Conque ninguna ventaja obtendríamos con poner entidades eternas, como los que ponen las Formas, si no hay en ellas ningún principio capaz de producir cambios. Pero tampoco sería éste suficiente, ni lo sería tampoco cualquier otra entidad aparte de las Formas ya que, si no actúa, no habrá movimiento. Más aún, ni tampoco aunque actuara, si su entidad es potencia, pues en tal caso no habría movimiento eterno: en efecto, lo potencial puede no ser. Por consiguiente, ha de haber un principio tal que su entidad sea acto. Además, estas entidades han de ser inmateriales, puesto que son eternas, si es que también hay alguna otra cosa eterna. Son, pues, acto[5].

Platón reconducía el mundo sensible al mundo de las Formas, es decir, de las Ideas, Ideas que a su vez dependen, tanto en su ser como en su cognoscibilidad, de la Idea del Bien, que él comparaba con el Sol. Sin embargo, la Idea del Bien no vive ni piensa: es inerte, puro objeto —no sujeto, en términos modernos—, y por tanto no actúa. Aristóteles, en cambio, concibe al motor inmóvil como un ser que piensa, vive y ejerce la actividad más placentera que existe. Por ello, es feliz; y siendo viviente, eterno y feliz, puede definirse sin reservas como un dios, pues posee todas las características

[5]   Aristóteles, *Metafísica,* traducción de T. Calvo Martínez, Gredos, Madrid 1994, pp. 482-483 (XII, 6, 1071b3-1071b22).

propias de las divinidades griegas. Si, además, existen múltiples cielos, entonces hay múltiples dioses; y Aristóteles lo admite, afirmando que el cielo más alto —el de las estrellas fijas, que abarca a todos los demás— está por encima de los otros, es decir, es una especie de «dios más importante». El motor que mueve el primer cielo es, por tanto, el primer motor en términos jerárquicos.

De aquí nació la idea, sostenida por los intérpretes tardoantiguos de Aristóteles, de que el primer motor inmóvil es Dios (con mayúscula), es decir, el principio supremo que gobierna el universo entero. De ahí proviene también la fortuna de este libro. El pagano Alejandro de Afrodisia, el mayor comentador antiguo de Aristóteles, reconoció en el primer motor inmóvil al Dios aristotélico, y fue seguido en esto por el pagano Temistio, quien comentó únicamente el libro XII de la *Metafísica*. El neoplatonismo, corriente impregnada de religiosidad y en competencia con el cristianismo, también identificó al motor inmóvil con Dios, y comenzó a referirse a este libro XII como la «teología de Aristóteles». Esta expresión, sin embargo, no se encuentra en el propio Aristóteles, quien consideraba que la teología era únicamente la que hacen los poetas, como Homero y Hesíodo, cuando hablan de los dioses.

Esto mismo ocurrió a lo largo de toda la Edad Media cristiana e islámica, que recuperó a Aristóteles por el mismo motivo por el que antes se lo había mantenido a distancia: por hablar de la eternidad del mundo. Alberto Magno y Tomás de Aquino se sirvieron de su pensamiento y lo hicieron compatible con la revelación cristiana. En realidad, el libro XII de la *Metafísica* no es el último del tratado, ya que a este «texto» se le atribuyen catorce libros; sin embargo, Alberto y Tomás —los dos grandes maestros de la escolástica— no comentaron los dos últimos, porque para ellos el punto de llegada, el momento culminante de la obra, era el libro XII, ya que contenía la supuesta «teología de Aristóteles». Pasemos, pues, a describir el uso medieval del pensamiento aristotélico.

II. ANSELMO DE CANTERBURY

Anselmo de Aosta, o de Canterbury —pues en la última parte de su vida fue arzobispo de esta diócesis en Inglaterra— vivió en el siglo XII, en plena Edad Media, en los orígenes de la Escolástica. La filosofía, en aquel tiempo, se convirtió en objeto de enseñanza en las escuelas, los monasterios, las catedrales y, más adelante, en las universidades, que surgirían poco después, en el siglo XIII. Anselmo, por tanto, aborda el tema de la existencia de Dios muchos siglos después de Aristóteles, en una época en la que —a diferencia de lo ocurrido en Grecia— se buscaba realmente construir una teología racional: un conocimiento de Dios basado no solo en la fe, sino también en la razón.

La primera obra de Anselmo dedicada a argumentar la demostración de la existencia de Dios fue el *Monologion,* en la que el filósofo, partiendo de la contemplación de lo creado, intentó demostrar la necesidad del Creador. Se trata de una demostración *a posteriori,* pues parte del mundo de la experiencia —que es posterior a Dios— y busca, a partir de esa experiencia, probar su existencia. En concreto, Anselmo se inspira en la Carta de san Pablo a los Romanos, según la cual las obras de Dios constituyen la prueba accesible a todos de su existencia.

Sin embargo, la fama de Anselmo se debe a otra obra: el *Proslogion,* en la que, según él mismo sostiene, se encuentra el único argumento realmente decisivo para demostrar la existencia de Dios. El hecho de que en la cultura cristiana surgiera precisamente en ese momento —y no antes— la necesidad de elaborar demostraciones de la existencia de Dios indica que solo entonces comenzaron a aparecer dudas y negaciones al respecto, por razones histórico-sociales en las que no podemos detenernos aquí. La intuición de Anselmo consistió, en cualquier caso, en extraer su *unum argumentum* precisamente a partir de la negación de la existencia de Dios; es decir, se inspiró en un versículo de un salmo que dice: «Dijo el insensato en su corazón: no hay Dios». Anselmo parte de ahí, afirmando que ese mismo insensato, al oír lo que yo digo —a saber, que Dios es «aquello mayor que lo cual nada puede pensarse»—, comprende lo que oye, ya que tal concepto está en su entendimiento, aunque no entienda que eso exista. Este punto de partida es muy interesante: el insensato, para poder negar la existencia de Dios, debe tener de todos modos alguna idea de Él; si la palabra «Dios» no tuviera significado, no diría nada. En otras palabras, el insensato —*insipiens*—, según Anselmo, posee implícitamente una idea de Dios como «algo mayor que lo cual nada puede pensarse».

He aquí las palabras de Anselmo.

> Y, sin duda, creemos que tú eres algo mayor que lo cual nada puede pensarse. Pero ¿y si no hay una tal naturaleza, puesto que «dijo el insensato en su corazón: no hay Dios»? [Sal 13,1 y 52,1]. Pero, ciertamente, ese mismo insensato, cuando oye esto mismo que digo: «algo mayor que lo cual nada puede pensarse», entiende lo que oye; y lo que entiende está en su entendimiento, aun cuando no entienda que aquello es. En efecto, que una cosa sea en el entendimiento es algo diferente de entender que la cosa es. Pues cuando un pintor piensa de antemano lo que va a hacer, lo tiene, ciertamente, en el entendimiento, pero aún no entiende que sea lo que aún no ha hecho. Pero cuando él ya ha pintado, entonces, a la vez, lo tiene en el entendimiento y entiende que es lo que ya ha hecho. Por tanto, también el insensato está obligado a reconocer que, al menos en

el entendimiento, es algo mayor que lo cual nada puede pensarse, porque cuando oye esto, lo entiende; y todo lo que se entiende es en el entendimiento. Y, ciertamente, aquello mayor que lo cual nada puede pensarse no puede ser solo en el entendimiento. Pues si es solo en el entendimiento, puede pensarse que es también en la realidad, lo cual es mayor. Por tanto, si aquello mayor que lo cual nada puede pensarse es solo en el entendimiento, entonces eso mismo, aquello mayor que lo cual nada puede pensarse, es aquello mayor que lo cual puede pensarse algo. Pero, ciertamente, esto no puede ser. Luego existe, sin duda, algo mayor que lo cual nada puede pensarse, tanto en el entendimiento como en la realidad. Lo cual es de manera tan verdadera, que ni puede pensarse que no sea. Pues puede pensarse que sea algo que no pueda pensarse que no sea, lo cual es mayor que aquello que puede pensarse que no es. Por consiguiente, si puede pensarse que no es aquello mayor que lo cual nada puede pensarse, entonces eso mismo, aquello mayor que lo cual nada puede pensarse, no es aquello mayor que lo cual nada puede pensarse; lo cual no es posible conciliar. Por tanto, de manera tan verdadera es algo mayor que lo cual nada puede pensarse, que ni puede pensarse que no sea. Y esto eres tú, Señor Dios nuestro[1].

Es interesante analizar por qué Anselmo elige precisamente este argumento. Dios es, sin duda, el Absoluto, aquello de lo que todo depende por completo, la realidad suprema (de la cual incluso el insensato sabe que no puede pensarse nada mayor). Pero si incluso el insensato piensa esto, significa —para Anselmo— que dicha idea ya está presente en su mente. Para el *insipiens*, sin embargo, ese ente no puede pensarse como existente en la realidad, sino solo en la mente, en el entendimiento. Ahora bien, una cosa es que algo esté en el entendimiento, y otra que esté en la realidad. El pintor, por ejemplo, antes de realizar el cuadro, lo tiene solo en su mente, pero no todavía en la realidad; solo después de haberlo realizado, el cuadro existe también en la realidad. Pero Anselmo demuestra que Dios existe también en la realidad, ya que «aquello

---

[1] San Anselmo de Canterbury, *Proslogion. Con las réplicas de Gaunilón y Anselmo,* traducción de J. Velarde Lombraña, Tecnos, Madrid 2009, pp. 78-80.

mayor que lo cual nada puede pensarse no puede ser solo en el entendimiento...». En efecto, podemos pensar que lo que existe en nuestro entendimiento exista también en la realidad, pero en tal caso lo segundo tiene algo más que lo que existe solo en el entendimiento y, por tanto, es mayor. Ahora bien, Dios es precisamente aquello mayor que lo cual nada puede pensarse; por consiguiente, no puede existir solo en el entendimiento, sino que debe existir —según Anselmo— también en la realidad.

Proslogion significa «discurso dirigido a alguien», y ese alguien es Dios mismo, o más precisamente, el Dios de la religión cristiana, dado que Anselmo era un monje benedictino que llegó a ser arzobispo de Canterbury. La célebre prueba de Anselmo se articula, pues, en pocas líneas: *unum argumentum*. Sin embargo, lo más importante es preguntarse si Anselmo logró realmente demostrar la existencia de Dios. A mi juicio, no, como lo evidencian también las objeciones que su argumento ha recibido a lo largo de los siglos. Con todo, resulta interesante observar que, en su argumentación, Anselmo derive de la negación de la existencia de Dios la tesis de su innegabilidad, es decir, de su existencia. Aristóteles, en los *Analíticos posteriores,* afirma al respecto que una demostración parte de principios verdaderos y deduce de ellos una conclusión que es necesaria y, por consiguiente, también verdadera. Anselmo, en cambio, no parte de un principio verdadero, sino de una negación, y llega a una conclusión que invierte el punto de partida, negando precisamente la tesis de los «insensatos» que rechazan la existencia de Dios. Su demostración es, por tanto, «dialéctica», en el sentido de que es más bien una refutación de los argumentos de los adversarios. Anselmo adopta el método del *elenchos,* es decir, precisamente de la refutación, ya que parte de la posición del insensato y demuestra que esta conduce a una contradicción: para poder decir que Dios no existe, es necesario dar una definición de Dios, y eso, según Anselmo, muestra que necesariamente Dios existe.

Sin embargo, definir algo no equivale, por sí solo, a demostrar su existencia. De hecho, como ya señalé, esta demostración suscitó diversas objeciones. Incluso dentro de la propia Orden benedictina hubo, en efecto, un monje —Gaunilón de Marmoutier— quien, aunque animado por la misma fe cristiana, no estaba de acuerdo con la demostración de Anselmo, considerándola insuficiente. Escribió un texto titulado *Liber pro insipiente,* que ya desde el título se presenta como una defensa del *insipiens* del que hablaba Anselmo. Según Gaunilón, el *insipiens* podría objetar a Anselmo que su prueba no es una verdadera prueba, ya que Anselmo sostiene que el *insipiens* posee en su mente la idea de Dios, pero en la mente humana hay muchas ideas que son falsas, es decir, que no corresponden a objetos de la realidad. No basta con que una idea esté presente en nuestra mente para que sea verdadera, para que corresponda a la realidad, para que refleje la efectividad. El ejemplo que ofrece Gaunilón se ha vuelto muy célebre:

Dicen unos hombres que en algún lugar del océano hay una isla a la que, por la dificultad o más bien la imposibilidad de encontrar lo que no hay, algunos llaman «La Isla Perdida», y de la que cuentan más que lo que se dice de las islas afortunadas: que posee una inestimable abundancia de todas las riquezas y delicias, y que, sin ningún propietario o habitante, por todas partes supera en la gran abundancia de cosas que deben poseerse a todas las demás tierras que los hombres habitan. En caso de que alguien me diga que esto es así, yo también entendería fácilmente lo dicho, en lo cual no hay ninguna dificultad. Pero si entonces como por vía de consecuencia añade y dice: «no puedes dudar ya más de que aquella isla, superior a todas las tierras y de la que no dudas que es en tu entendimiento, es verdaderamente en algún lugar en la realidad; y, puesto que es superior ser no solo en el entendimiento sino también en la realidad, es así necesario que ella sea, porque si no fuese, cualquier otra tierra que es en la realidad sería superior a ella; y así ella misma, ya entendida por ti como superior, no sería superior». Si, como digo, aquél quisiera convencerme mediante estas palabras de que no debe dudarse ya más de que aquella isla es verdaderamente, entonces, o bien creería que él bromea, o bien no sé a quién debería considerar más necio: si a mí, si le concediese esto, o a él, si pensase haber asegurado con alguna certeza la existencia de aquella isla sin haber mostrado antes que su superioridad misma es en mi entendimiento como cosa verdadera e indudablemente existente, y de ningún modo como algo falso o incierto[2].

«Dicen unos hombres que en algún lugar del océano hay una isla a la que algunos llaman 'La Isla Perdida', y de la que cuentan más que lo que se dice de las islas afortunadas: que posee una inestimable abundancia de todas las riquezas y delicias, y que, sin ningún propietario o habitante, por todas partes supera en la gran abundancia de cosas que deben poseerse a todas las demás tierras que los hombres habitan». Estas palabras —señala Gaunilón— son muy fáciles de comprender y no presentan dificultad alguna. Sin embargo, lo único que demuestran es que dicha isla existe en la mente de quien habla de ella, pero no por ello puede afirmarse que exista también en la realidad. Del mismo modo que no basta con pensar esta isla para que exista, tampoco es posible sostener que Dios exista por el solo hecho de ser pensado.

Aunque pueda parecer muy sencilla —la «moda», de origen heideggeriano, tiende hoy a considerar verdaderamente profundas solo las afirmaciones aparentemente difíciles de entender—, la objeción de Gaunilón es, en realidad, muy profunda: no basta, en efecto, con que algo esté presente en la mente para concluir que existe también en la realidad. Es más: para lograr tal demostración, habría que proceder en sentido inverso, pasando de la realidad a la mente; es decir, sería preciso primero mostrar que una cosa existe en la realidad para que, solo después, pueda formarse de ella un concepto. Del ser al pensar —dirá Tomás de Aquino— la deducción es válida; del pensar al ser, en cambio, no lo es. La objeción planteada por Gaunilón es, por tanto, importante, incluso de sentido común, y Anselmo la tomó en serio, al punto de responderle

---

[2]   Ib., pp. 111-112.

con un nuevo escrito: *Liber apologeticus adversum respondentem pro insipiente*, dedicado precisamente a rebatir la crítica de Gaunilón. (Aunque todos estos filósofos eran monjes y creyentes, resulta admirable observar cómo discutían entre ellos racionalmente: este es, de hecho, el ejemplo más célebre de una disputa medieval con contenido teológico, pero de carácter propiamente filosófico).

Anselmo responde a Gaunilón afirmando que este no ha comprendido el verdadero significado de la expresión «Dios es aquello mayor que lo cual nada puede pensarse»; es decir, no ha comprendido, no tiene esa idea en el entendimiento, y por tanto las cosas que dice no son verdaderas.

> Puesto que en estas palabras me critica, no aquel «insensato» contra el que he hablado en mi opúsculo, sino uno no insensato y católico que habla en nombre del insensato, puede bastarme responder al católico. Dices, en efecto, quienquiera que seas que dices que el insensato puede decir estas cosas: que algo mayor que lo cual nada pueda pensarse es en el entendimiento no de otro modo que como es lo que no puede pensarse al menos según la verdad de alguna cosa, y que mi afirmación de que «aquello mayor que lo cual nada puede pensarse es también en la realidad por el hecho de que es en el entendimiento» no tiene más validez que aquella según la cual la isla perdida existe con toda certeza por el hecho de que cuando es descrita con palabras, quien escucha no duda de que ella es en su entendimiento. Pero yo digo: si «aquello mayor que lo cual nada puede pensarse» no es entendido o pensado, ni es en el entendimiento o en el pensamiento, entonces, ciertamente, Dios, o bien no es aquello mayor que lo cual nada puede pensarse, o bien no es entendido o pensado, y no es en el entendimiento o en el pensamiento. De cuán falso es esto apelo a tu fe y a tu conciencia como firmísimo argumento. Por tanto, «aquello mayor que lo cual no puede pensarse» verdaderamente se entiende y se piensa y está en el entendimiento y en el pensamiento. Por lo cual, o bien no son verdaderas las razones con las que intentas probar lo contrario, o bien no se sigue de ellas lo que tú crees que se deduce consecuentemente[3].

---

[3]   Ib., pp. 117-118.

Anselmo recurre a un razonamiento *ad hominem,* en el sentido de que Gaunilón, como creyente, ya posee una idea de Dios y, por tanto, no debería plantear objeciones que den la impresión de que no ha comprendido quién es Dios. El ejemplo de la isla —sostiene Anselmo— no es pertinente, porque, por muy bella que sea, una isla nunca podrá ser el Absoluto, es decir, lo único de lo cual no puede pensarse nada mayor. Con estas palabras, Anselmo pretende mostrar que su argumento no se aplica a cualquier ente, sino exclusivamente a aquel ente del cual no es posible pensar nada mayor: solo al Absoluto. Y así responde a Gaunilón.

> Pero, dices, es tal como si alguien, hablando de una isla del océano que supera por su fertilidad a todas las tierras, la cual por la dificultad o más bien la imposibilidad de encontrar lo que no hay es llamada «La Isla Perdida», dice que por la misma razón no puede dudarse de que es verdaderamente en la realidad, puesto que descrita con palabras fácilmente alguien la entiende. Con seguridad digo que, si alguien me encontrara en la realidad misma o solo en el pensamiento un existente otro que «aquello mayor que lo cual nada puede pensarse» al que pueda aplicarse la conexión de esta argumentación mía, entonces yo iría a su encuentro y le daría la isla perdida que ya no ha de perderse más[4].

En efecto, Anselmo no pretendía afirmar que todo lo que pensamos deba existir también en la realidad, sino que esto vale únicamente para el Absoluto. El Absoluto —aquello que no depende de nada— no puede no existir, ya que cualquier cosa que exista o bien no depende de nada (y entonces es el Absoluto), o bien depende en última instancia de otra cosa, y entonces ese otro es el Absoluto. En cualquier caso, el Absoluto existe. Pensemos en la parte y el todo: el todo existe necesariamente, porque cualquier cosa que pensemos o bien es el todo, o bien es una parte. Si es el todo, entonces está claro; si es una parte, lo es de un todo.

---

4   Ib., p. 121.

Santo Tomás criticó posteriormente a Anselmo por su pretensión de permitir el paso del pensamiento al ser en el caso del Absoluto, aparentemente por medio del uso de la razón. Sin embargo, la prueba de Anselmo, aunque no resulte concluyente, contiene elementos de fundamental importancia. Ante todo, su estructura lógica no es la de una deducción, ya que Dios no puede ser deducido: para poder ser deducido, tendría que haber algo anterior a Él; pero entonces Él ya no sería Dios. Los teoremas dependen de axiomas y definiciones que los preceden; por ello, Dios no puede ser demostrado de forma deductiva, como en las demostraciones geométricas. Esta será precisamente la crítica que Hegel dirigirá a todas las pruebas de la existencia de Dios, como veremos más adelante.

Anselmo, sin embargo, partió de la refutación de la negación de la existencia de Dios, del mismo modo en que Aristóteles procedió respecto del principio de no contradicción (el cual es indemostrable, por ser, en el plano lógico, el primero de todos los principios). Si bien no puede demostrarse de manera directa, sí puede probarse siempre por vía de refutación, ya que quien lo niega, en realidad, no logra negarlo: para hacerlo, debe decir algo, y para que ese algo tenga un significado determinado, debe servirse precisamente del principio de no contradicción. La estructura lógica del argumento de Anselmo es, por tanto, una demostración por vía de refutación. Gaunilón formula una objeción de valor general al afirmar que del pensamiento no se deduce el ser; sin embargo, Anselmo le responde con solidez, afirmando que solo la idea del Absoluto —de aquello mayor que lo cual nada puede pensarse— implica necesariamente su existencia. El límite de su argumento quizá resida aquí: si por Dios entendemos un Absoluto trascendente, radicalmente otro respecto de la experiencia, entonces Anselmo no logra demostrar dicha trascendencia.

Quienes hoy niegan la existencia de Dios afirmando que el universo existe desde siempre con sus propias leyes, y que, por tanto, no hay necesidad de Dios, sostienen en la práctica que el universo es autosuficiente, y por tanto que él mismo es el Absoluto. Pero entonces, también para ellos el Absoluto existe, y es el universo. Esto, sin embargo, no es el Dios trascendente de las grandes religiones monoteístas. Para aproximarnos a esa noción, será necesario considerar el aporte de santo Tomás.

III. TOMÁS DE AQUINO

Tomás de Aquino es, con razón, el más célebre entre los filósofos que intentaron demostrar la existencia de Dios. Vivió en el apogeo de la Escolástica, es decir, en el siglo XIII, y le dio un giro decisivo al tener el valor de recurrir a Aristóteles, un pensador hasta entonces rechazado por considerarse su filosofía incompatible con el cristianismo. En París, Oxford, Padua, Pavía y otras universidades medievales, la autoridad eclesiástica prohibía leer y enseñar a Aristóteles, pues sostenía la tesis de la eternidad del mundo y no hablaba de la inmortalidad del alma *tout court*, sino únicamente de la inmortalidad de una de sus partes: el entendimiento agente. A pesar de ello, el pensamiento de Aristóteles acabó imponiéndose en la cultura medieval, ya que, por un lado, daba la impresión de representar la expresión más avanzada de la ciencia —algo que los filósofos, entonces como ahora, no podían ignorar—, y por otro, había sido ya objeto de apropiación por parte de la cultura musulmana desde el siglo IX, lo que contribuyó a fortalecer esta última.

Ya en los siglos XII y XIII, el mundo árabe había alcanzado una serie de descubrimientos científicos que superaban con creces a los de la cultura cristiana occidental. Cuando se produjo el encuentro con la cultura árabe —es decir, en Europa, fundamentalmente en dos focos: la España reconquistada y la Sicilia gobernada por

Federico II—, Europa accedió a la filosofía y a la ciencia griegas gracias, en un primer momento, a traducciones del griego al árabe, y solo posteriormente del árabe al latín. Es interesante señalar que esta mediación fue llevada a cabo por los judíos, que conocían bien tanto el árabe como el latín. España y Sicilia favorecieron así el retorno de Aristóteles; entre los pensadores cristianos, aquellos más abiertos a la cultura científica —como Alberto de Colonia y Tomás de Aquino— lo integraron en el cauce del pensamiento cristiano.

En lo que respecta a las pruebas de la existencia de Dios, Tomás se apoyó sobre todo en el pensamiento de Aristóteles, también con el propósito de mostrar que la razón humana es capaz de demostrar dicha existencia por sus propias fuerzas, con independencia de la fe; por ello, la existencia de Dios debe ser admitida no solo por quien ha tenido la fortuna de creer, sino por todo ser humano dispuesto a razonar de manera correcta y rigurosa. En Tomás abundan las demostraciones de la existencia de Dios, presentes en casi todas sus obras. Sin embargo, son especialmente célebres sus «cinco vías», es decir, sus cinco argumentos principales, expuestos de forma más amplia en la *Summa contra Gentiles,* es decir, la *Summa* dirigida a los no creyentes.

Tomás era un fraile dominico cuya misión principal era la predicación, aunque no se le consideraba un gran predicador de homilías; por ello pensó en cumplir su misión escribiendo obras que pudieran servir a sus hermanos en sus labores de predicación por el mundo, una tarea que, sin duda, resultó muy fructífera. En la *Summa contra Gentiles* se encuentran sobre todo argumentos racionales, precisamente porque estaba destinada a dialogar con los no creyentes. También en la *Summa theologiae,* dirigida a los creyentes, Tomás retomó sus cinco argumentos de manera aún más rigurosa: esta es la versión que examinaremos aquí, y que, además, constituye la última formulación ofrecida por santo Tomás.

En esta obra, antes de exponer las cinco vías, Tomás planteó algunas cuestiones preliminares. En primer lugar, se preguntó:

¿es evidente para la razón que Dios existe? Si así fuera, no habría necesidad alguna de demostrar su existencia. Las demostraciones solo tienen sentido allí donde no hay evidencia, pues lo evidente no requiere prueba; y como, para Tomás, la existencia de Dios no es evidente, se hace necesario ofrecer una demostración. La segunda cuestión preliminar es si la existencia de Dios puede ser demostrada. Aquí Tomás adopta —con razón— una actitud crítica y no dogmática, poniéndolo todo en cuestión, es decir, razonando sin prejuicios. Este es, de hecho, el proceder filosófico correcto: el filósofo debe estar dispuesto a poner en cuestión cualquier argumento que presente incluso la más mínima problematicidad.

El método de las disputas medievales consistía en plantear un problema y luego argumentar tanto a favor como en contra, es decir, presentar las razones favorables y las contrarias: un método excelente, pues permitía tener en cuenta todos los aspectos, como ocurre en los procesos judiciales. En efecto, este método proviene de la dialéctica griega, que estuvo influida por los procedimientos judiciales y que, a su vez, también los influenció. Tomás expuso en primer lugar las razones a favor de la evidencia de la existencia de Dios, tomadas de Juan Damasceno —filósofo griego del siglo VII—, afirmando que el conocimiento de Dios está presente en todos, es decir, que es natural, con una especie de argumento basado en el consenso general. Por lo demás, también Anselmo sostenía que la existencia de Dios es evidente, hasta el punto de que, para Tomás, ni siquiera habría sido necesario detenerse a demostrarla.

Tomás, sin embargo, expuso sobre todo las razones contrarias a la tesis de la evidencia de la existencia de Dios. La principal sostiene que algo puede ser evidente de dos maneras: en sí mismo y para nosotros, o bien en sí mismo pero no para nosotros; se trata, claramente, de una tesis retomada de Aristóteles. Los axiomas, por ejemplo, son evidentes en sí mismos, pero pueden no serlo para nosotros, ya que requieren estudio y dedicación; en cambio, las cosas que son evidentes para nosotros, pero no en sí mismas, corresponden, por ejemplo, a aquello que percibimos mediante los sentidos. Afirma Tomás: «Decir, por tanto, que la proposición *Dios existe* es evidente en sí misma, ya que el predicado se identifica con el sujeto, en cuanto Dios es su propio ser, es correcto». Esta es, para Tomás, la definición más adecuada de Dios y puede constituir una evidencia: puesto que Dios es ser, no puede no existir. Sin embargo, como ignoramos la esencia de Dios, dicha evidencia no se da para nosotros.

En resumen, dado que la esencia de Dios es su propio ser, Dios existe, según Tomás; sin embargo, como su esencia no nos es evidente, tampoco lo es su existencia, y por tanto debe ser demostrada. La dificultad se resuelve así: a partir de nuestro conocimiento confuso de Dios no puede deducirse que Él exista también en la realidad. Aquí Tomás se dirige precisamente a Anselmo, quien, a su juicio, posee un conocimiento general y confuso de la palabra «Dios». Conocer el significado de una palabra no significa, en efecto, conocer la esencia del concepto que designa. Solo si pudiéramos captar realmente la esencia de Dios podríamos afirmar con certeza que Él no puede no existir, ya que es el ser mismo; pero nosotros no poseemos esa evidencia respecto de su esencia. El conocimiento que Anselmo tiene de Dios es, por tanto, sumario, genérico, no explícito.

Para Tomás, la existencia de Dios es, por tanto, evidente en sí misma, pero no para nosotros; y en ello se manifiesta claramente su aristotelismo, ya que para él —como para Aristóteles— todo conocimiento nace de la experiencia. Solo aquello que se manifiesta a nuestros sentidos es, en efecto, evidente; a partir de los sentidos, mediante la memoria, se asciende a la experiencia, y desde la experiencia se asciende, por medio del entendimiento, a los principios de los que derivan verdades que solo resultan evidentes mediante demostraciones. Pero se parte de los sentidos, y por medio de los sentidos Dios no es evidente para nosotros, ya que nadie puede tener una experiencia de Dios.

Entre las cuestiones preliminares que aborda Tomás, se encuentra también esta: si bien la existencia de Dios no es evidente, ¿es, sin embargo, demostrable? Los argumentos contrarios —con los que, esta vez, comienza su análisis— afirman que la existencia de Dios es una cuestión de fe, no evidente, y por tanto no susceptible de demostración; la razón, sostienen, no tiene cabida aquí. A quienes sostienen esto, sin embargo, el apóstol Pablo les responde que las perfecciones invisibles de Dios, por medio de «las cosas creadas», se hacen visibles (Carta a los Romanos 1,20); en suma, para Pablo, la existencia de Dios se deduce a partir de sus obras, que están a la vista de todos. El argumento a favor, por tanto, es que la existencia de Dios no es solo un acto de fe, sino también algo demostrable por la razón natural, es decir, «preliminar a los artículos de fe» *(preambula fidei)*, y por tanto accesible a las capacidades que todo ser humano posee «por naturaleza».

Hans Jonas decía que la fe no se puede tener por encargo, mientras que la razón está al alcance de todos los seres humanos, y todos están obligados a hacer uso de ella. Marino Gentile solía poner un ejemplo para demostrar que existe una metafísica implícita en la razón humana: la ancianita que va a misa a las seis de la mañana, aunque no sepa nada de filosofía, conoce perfectamente la diferencia entre ese Dios al que dirige sus oraciones y todos los demás poderosos de este mundo. Tener clara esa diferencia significa tener implícitamente claros todos los *preambula fidei*. Tomás sostiene también que la fe presupone la naturaleza, del mismo modo que la gracia presupone la naturaleza; la gracia es algo añadido, *gratis data,* un don, que no priva a nadie de lo que posee por naturaleza. Nada impide que una verdad que podría ser objeto de ciencia sea conocida también por quien no llega a ella mediante demostración (como la ancianita). Quien comprende la demostración, sin embargo, entiende que la existencia de Dios es efectivamente demostrable por la razón natural.

He aquí el texto de las cuestiones preliminares a las cinco vías expuestas por Tomás.

1) Dios, ¿es o no es evidente por sí mismo?

Objeciones por las que parece que Dios es evidente por sí mismo:

1. Se dice que son evidentes por sí mismas aquellas cosas cuyo conocimiento nos es connatural, por ejemplo, los primeros principios. Pero, como dice el Damasceno al inicio de su libro, *el conocimiento de que Dios existe está impreso en todos por naturaleza.* Por lo tanto, Dios es evidente por sí mismo.

2. Más aún. Se dice que son evidentes por sí mismas aquellas cosas que, al decir su nombre, inmediatamente son identificadas. Esto, el Filósofo en I *Poster.* lo atribuye a los primeros principios de demostración. Por ejemplo, una vez sabido lo que es todo y lo que es parte, inmediatamente se sabe que el todo es mayor que su parte. Por eso, una vez comprendido lo que significa este nombre, *Dios,* inmediatamente se concluye que Dios existe. Si con este nombre se da a entender lo más inmenso que se puede comprender, más inmenso es lo que se da en la realidad y en el entendimiento que lo que se da solo en el entendimiento. Como quiera que comprendido lo que significa este nombre, *Dios,* inmediatamente está en el entendimiento, habrá que concluir que también está en la realidad. Por lo tanto, Dios es evidente por sí mismo.

3. Todavía más. Que existe la verdad es evidente por sí mismo, puesto que quien niega que la verdad existe está diciendo que la verdad existe; pues si la verdad no existe, es verdadero que la verdad no existe. Pero para que algo sea verdadero, es necesario que exista la verdad. Dios es la misma verdad. Jn 14,6: *Yo soy el camino, la verdad y la vida.* Por lo tanto, que Dios existe es evidente por sí mismo.

En cambio, nadie puede pensar lo contrario de lo que es evidente por sí mismo, tal como consta en el Filósofo, IV *Metaphys.* y I *Poster.* cuando trata los primeros principios de la demostración. Sin embargo, pensar lo contrario de que Dios existe, sí puede hacerse, según aquello del Sal 52,1: *Dice el necio en su interior: Dios no existe.* Por lo tanto, que Dios existe no es evidente por sí mismo.

Solución. Hay que decir: La evidencia de algo puede ser de dos modos. Uno, en sí misma y no para nosotros; otro, en sí misma y para nosotros. Así, una proposición es evidente por sí misma cuando el predicado está incluido en el concepto del sujeto, como *el hombre es animal,* ya que el predicado *animal* está incluido en el concepto de hombre. De este modo, si todos conocieran en qué consiste el predicado y en qué el sujeto, la proposición sería evidente para todos. Esto es lo que sucede con los primeros principios de la demostración, pues sus términos como ser-no ser, todo-parte, y otros parecidos, son tan comunes que nadie los ignora. Por el contrario, si algunos no conocen en qué consiste el predicado y en qué el sujeto, la proposición será evidente en sí misma, pero no lo será para los que desconocen en qué consiste el predicado y en qué el sujeto de la proposición. Así ocurre, como dice Boecio, que hay conceptos del espíritu comunes para todos y evidentes por sí mismos que solo comprenden los sabios, por ejemplo, *lo incorpóreo no ocupa lugar.* Por consiguiente, digo: La proposición *Dios existe,* en cuanto tal, es evidente por sí misma, ya que en Dios sujeto y predicado son lo mismo, pues Dios es su mismo ser, como veremos (q.3 a.4). Pero, puesto que no sabemos en qué consiste Dios, para nosotros no es evidente, sino que necesitamos demostrarlo a través de aquello que es más evidente para nosotros y menos por su naturaleza, esto es, por los efectos.

Respuesta a las objeciones:

1. *A la primera hay que decir:* Conocer de un modo general y no sin confusión que Dios existe, está impreso en nuestra naturaleza en el sentido de que Dios es la felicidad del hombre; puesto que el hombre por naturaleza quiere ser feliz, por naturaleza conoce lo que por naturaleza desea. Pero a esto no se le puede llamar exactamente conocer que Dios existe; como, por ejemplo, saber que alguien viene no es saber que Pedro viene aunque sea Pedro el que viene. De hecho, muchos piensan que el bien perfecto del hombre, que es la bienaventuranza, consiste en la riqueza; otros, lo colocan en el placer; otros, en cualquier otra cosa.

2. *A la segunda hay que decir:* Es probable que quien oiga la palabra Dios no entienda que con ella se expresa

lo más inmenso que se pueda pensar, pues de hecho algunos creyeron que Dios era cuerpo. No obstante, aun suponiendo que alguien entienda el significado de lo que con la palabra Dios se dice, sin embargo no se sigue que entienda que lo que significa este nombre se dé en la realidad, sino tan solo en la comprensión del entendimiento. Tampoco se puede deducir que exista en la realidad, a no ser que se presuponga que en la realidad hay algo mayor que lo que puede pensarse. Y esto no es aceptado por los que sostienen que Dios no existe.

3. A la tercera hay que decir: Que la verdad en general existe, es evidente por sí mismo; pero que exista la verdad absoluta, esto no es evidente para nosotros.

2) La existencia de Dios, ¿es o no es demostrable?

Objeciones por las que parece que Dios no es demostrable:

1. La existencia de Dios es artículo de fe. Pero los contenidos de fe no son demostrables, puesto que la demostración convierte algo en evidente, en cambio la fe trata lo no evidente, como dice el Apóstol en Heb 2,1. Por lo tanto, la existencia de Dios no es demostrable.

2. Más aún. La base de la demostración está en *lo que es.* Pero de Dios no podemos saber *qué es,* sino solo *qué no es,* como dice el Damasceno. Por lo tanto, no podemos demostrar la existencia de Dios.

3. Todavía más. Si se demostrase la existencia de Dios, no sería más que a partir de sus efectos. Pero sus efectos no son proporcionales a Él, en cuanto que los efectos son finitos y Él es infinito; y lo finito no es proporcional a lo infinito. Como quiera, pues, que la causa no puede demostrarse a partir de los efectos que no le son proporcionales, parece que la existencia de Dios no puede ser demostrada.

En cambio está lo que dice el Apóstol en Rom 1,20: *Lo invisible de Dios se hace comprensible y visible por lo creado.* Pero esto no sería posible a no ser que por lo creado pudiera ser demostrada la existencia de Dios, ya que lo primero que hay que saber de una cosa es si existe.

Solución. Hay que decir: Toda demostración es doble. Una, por la causa, que es absolutamente previa a cualquier cosa. Se la llama: *a causa de.* Otra, por el efecto, que es lo primero con lo que nos encontramos; pues el efecto se nos presenta como más evidente que la causa, y por el efecto llegamos a conocer la causa. Se la llama: *porque.* Por cualquier efecto puede ser demostrada su causa (siempre que los efectos de la causa se nos presenten como más evidentes): porque, como quiera que los efectos dependen de la causa, dado el efecto, necesariamente antes se ha dado la causa. De donde se deduce que la existencia de Dios, aun cuando en sí misma no se nos presenta como evidente, en cambio sí es demostrable por los efectos con que nos encontramos.

Respuesta a las objeciones:

1. *A la primera hay que decir:* La existencia de Dios y otras verdades que de Él pueden ser conocidas por la sola razón natural, tal como dice Rom 1,19, no son artículos de fe, sino preámbulos a tales artículos. Pues la fe presupone el conocimiento natural, como la gracia presupone la naturaleza y la perfección lo perfectible. Sin embargo, nada impide que lo que en sí mismo es demostrable y comprensible, sea tenido como creíble por quien no llega a comprender la demostración.

2. *A la segunda hay que decir:* Cuando se demuestra la causa por el efecto, es necesario usar el efecto como definición de la causa para probar la existencia de la causa. Esto es así sobre todo por lo que respecta a Dios. Porque para probar que algo existe, es necesario tomar como base *lo que significa* el nombre, no *lo que es;* ya que la pregunta *qué es* presupone otra: *si existe.* Los nombres dados a Dios se fundamentan en los efectos, como probaremos más adelante (q.13 a.1). De ahí que, demostrando por el efecto la existencia de Dios, podamos tomar como base lo que significa este nombre *Dios.*

3. *A la tercera hay que decir:* Por efectos no proporcionales a la causa no se puede tener un conocimiento exacto de la causa. Sin embargo, por cualquier efecto puede ser demostrada claramente que

la causa existe, como se dijo (sol.). Así, por efectos divinos puede ser demostrada la existencia de Dios, aun cuando por los efectos no podamos llegar a tener un conocimiento exacto de cómo es Él en sí mismo[1].

Una vez establecido que la existencia de Dios es demostrable, Tomás formula sus célebres cinco vías. He aquí el texto de la primera:

La existencia de Dios puede ser probada de cinco maneras distintas. 1) La primera y más clara es la que se deduce del movimiento. Pues es cierto, y lo perciben los sentidos, que en este mundo hay movimiento. Y todo lo que se mueve es movido por otro. De hecho nada se mueve a no ser que, en cuanto potencia, esté orientado a aquello por lo que se mueve. Por su parte, quien mueve está en acto. Pues mover no es más que pasar de la potencia al acto. La potencia no puede pasar a acto más que por quien está en acto. Ejemplo: el fuego, en acto caliente, hace que la madera, en potencia caliente, pase a caliente en acto. De este modo la mueve y cambia. Pero no es posible que una cosa sea lo mismo simultáneamente en potencia y en acto; solo lo puede ser respecto a algo distinto. Ejemplo: Lo que es caliente en acto, no puede ser al mismo tiempo caliente en potencia, pero sí puede ser en potencia frío. Igualmente, es imposible que algo mueva y sea movido al mismo tiempo, o que se mueva a sí mismo. Todo lo que se mueve necesita ser movido por otro. Pero si lo que es movido por otro se mueve, necesita ser movido por otro, y éste por otro. Este proceder no se puede llevar indefinidamente, porque no se llegaría al primero que mueve, y así no habría motor alguno pues los motores intermedios no mueven más que por ser movidos por el primer motor. Ejemplo: Un bastón no mueve nada si no es movido por la mano. Por lo tanto, es necesario llegar a aquel primer motor al que nadie mueve. En éste, todos reconocen a Dios[2].

---

[1]   Santo Tomás de Aquino, *Suma de teología*, BAC, Madrid 2001, vol. I, pp. 108-110 (I, q. 2, aa. 1-2).
En la nota, Berti se refiere además a un libro editado por Zuanazzi, titulado *L'esistenza di Dio* (La Scuola, 2022). Se trata de un volumen destinado a la enseñanza secundaria, que recopila y comenta textos de Tomás sobre la existencia de Dios (ndt).
[2]   Ib., pp. 110-112 (I, q. 2, a. 3).

La primera vía indicada por Tomás es la más evidente —*manifestior,* en latín—: de hecho, se deduce del movimiento, es decir, del cambio, del devenir, algo perceptible por todos. La referencia aquí es claramente Aristóteles (quien, a su vez, se había inspirado en Platón); el Estagirita, en efecto, investigó en la *Física* la primera causa motriz. Tomás, por su parte, consideró que el razonamiento aristotélico sobre el movimiento constituía la primera y más evidente vía para demostrar la existencia de Dios. La premisa, en palabras de Tomás, es la siguiente: «Pues es cierto, y lo perciben los sentidos, que en este mundo hay movimiento».

El punto de partida aristotélico es interesante y, a mi juicio, correcto, ya que parte de las sensaciones, de los cinco sentidos, que constituyen un comienzo evidente para nosotros. A continuación, Tomás añade que todo lo que se mueve es movido por otro, es decir, que el movimiento requiere una causa, una explicación; en efecto, nada cambia si no está en potencia respecto del movimiento, mientras que aquello que mueve lo hace en cuanto está en acto. Lo que está en movimiento y lo que lo mueve son, por tanto, dos realidades distintas: el primero está pasando de la potencia al acto, mientras que el segundo ya está en acto. Esto se deduce, como hemos señalado anteriormente, de la doctrina aristotélica de la potencia y el acto, ya que el pensamiento de Aristóteles constituye siempre la base de las pruebas de Tomás.

Aquí, el punto importante es que nada puede pasar de la potencia al acto si no es por obra de un ser que ya está en acto. El ejemplo que ofrece Tomás al respecto es el del fuego: el fuego está caliente en acto y calienta la madera, que está caliente solo en potencia. Para que la madera pase de estar fría a estar caliente, se necesita algo que la caliente, es decir, algo que posea en sí el calor —el fuego—, ya que la madera no puede darse calor por sí sola. Para que llegue a estar caliente en acto, debe, por tanto, entrar en contacto con algo que ya lo esté en acto: el fuego.

Para Tomás, como ya para Aristóteles, es necesario que todo lo que se mueve sea movido por otro, por lo que sostiene que no se puede proceder así hasta el infinito: en tal caso, no habría un primer motor. Los motores intermedios no mueven sin un primer motor, del mismo modo que el bastón no puede mover la piedra por sí solo, sino que debe ser movido por la mano. También para Tomás, por tanto, es necesario un primer motor, como ya sostenía Aristóteles; pero mientras este no formuló explícitamente la identidad de ese primer motor con Dios, Tomás concluye que dicho primer motor es Dios. La primera vía de Tomás sigue, en esencia, la que emplea Aristóteles en la *Física;* de hecho, Tomás no recurre a la argumentación de la *Metafísica,* que, a su juicio, no resulta adecuada, ya que se basa en la tesis de la eternidad del cielo, una tesis que, como cristiano, no podía aceptar. Para evitar simplificaciones excesivas, conviene recordar, sin embargo, que Tomás no sostenía que el primer motor agotara todo el concepto de Dios; para él, Dios era ciertamente primer motor, pero no solo eso, sino mucho más: era ese Dios que los creyentes conciben como dotado de todas las perfecciones, de las cuales solo una es la de ser inmóvil.

La primera vía de Tomás ha sido denominada en la filosofía moderna «prueba cosmológica», ya que parte del mundo. Esta, como las demás, fue especialmente criticada por Kant, hasta el punto de que se ha extendido ampliamente la tesis según la cual, «después de Kant», ya no sería posible presentar demostraciones de la existencia de Dios. Se trata de una idea característica de la Europa continental, donde la influencia de Kant ha sido enorme y donde, tras él, se impuso una forma de hacer filosofía de corte historicista, según la cual quien viene después tiene siempre más razón que quien vino antes. En Italia, durante décadas, se sostuvo que Kant tenía más razón que Aristóteles y Tomás, porque filósofos como Croce y Gentile consideraban, desde una perspectiva historicista, que la verdadera filosofía era únicamente la filosofía clásica alemana, de la cual no era posible apartarse. Sin embargo, una parte de Europa que no sufrió esta influencia fue Inglaterra, es decir, la Europa no continental. Aunque los filósofos ingleses estudiaron a Kant, lo consideraron al mismo nivel que Platón, Aristóteles o Tomás, sin atribuirle —con razón— ninguna primacía filosófica por el mero hecho de haber venido después. Por ello, las cinco vías de Tomás, consideradas en el continente casi exclusivamente por los tomistas —quienes encontraron en el papa León XIII a un gran defensor—, fueron comentadas sobre todo en Inglaterra, donde se continuó debatiendo activamente sobre Aristóteles y Tomás.

Las objeciones más interesantes desde el punto de vista filosófico no son, en realidad, las de Kant, quien probablemente nunca leyó a Tomás directamente. Es muy posible que solo haya conocido las «deformaciones» de esas demostraciones, tal como fueron transmitidas por Descartes, Leibniz, Wolff o Baumgarten, y que, en rigor, no corresponden a las verdaderas pruebas formuladas por Tomás. Por tanto, Kant no criticó realmente a Tomás, razón por la cual las objeciones más relevantes al Aquinate provienen de aquellos filósofos ingleses que analizaron directamente sus textos. Por ello, nos centraremos sobre todo en las objeciones de la filosofía inglesa del siglo XX, que resultan ser las más pertinentes.

Consideremos, pues, las críticas formuladas por algunos filósofos anglosajones, en particular las de Peter Geach y Anthony Kenny. Geach (fallecido en 2016) fue discípulo de Wittgenstein y filósofo analítico, teórico del análisis del lenguaje, corriente dominante en todo el ámbito anglófono. Además, fue también un filósofo católico y esposo de Elizabeth Anscombe, también discípula de Wittgenstein, tan devota del maestro que él mismo la nombró entre sus albaceas. Geach escribió junto con Anscombe, en 1963, un libro verdaderamente importante: *Three Philosophers: Aristotle, Aquinas, Frege*[3]. Anscombe redactó el capítulo sobre

---

[3]   Gertrude Elizabeth M. Anscombe; Peter T. Geach, *Three Philosophers. Aristotle, Aquinas, Frege*, Blackwell, Oxford 1961.

Aristóteles, mientras que Geach escribió los dedicados a Tomás y a Frege. Este libro es sumamente interesante, ya que ofrece una lectura realizada por un católico, es decir, por un estudioso respetuoso de Tomás, pero que dispone de todas las herramientas de la lógica y de la filosofía analítica más refinada. Geach, en su capítulo sobre Tomás, en este valioso libro formula una crítica a la primera vía que, a nuestro juicio, resulta muy pertinente: sostiene que no es cierto, desde el punto de vista lógico, que en la búsqueda de las causas no se pueda proceder hasta el infinito.

De hecho, puede admitirse —sin necesidad de ser especialistas en lógica— una cadena de términos que se prolongue hasta el infinito. Aristóteles no habría estado de acuerdo con esto, ya que, para él, no podía existir ningún infinito en acto, pues sostenía que el universo era finito. La matemática moderna, en cambio, acepta la existencia del infinito —un concepto que, como mostró Rodolfo Mondolfo, no está ausente ni siquiera en el pensamiento griego—, el cual se representa como un número sobre el que, por tanto, también pueden realizarse operaciones. Dado que el infinito es posible desde el punto de vista lógico, también puede admitirse un número infinito de motores movidos. Sin embargo, esta argumentación no invalida —según el propio Geach, que objeta aquí a su propia objeción— la primera vía, ya que esta considera el universo en su conjunto, y no debe entenderse que el primer motor sea simplemente el primero de una serie, sino más bien el «único» del cual depende el movimiento del universo en su totalidad. Es discutible si esta respuesta de Geach constituye una refutación válida de su propia objeción; Kenny pensaba que no.

Anthony Kenny fue sacerdote católico, estudió en Roma y hablaba muy bien italiano. Sin duda puede considerarse un especialista en Tomás, aunque, al analizar las cinco vías, llegó a la conclusión de que no son válidas, y a raíz de esta convicción incluso perdió la fe, convirtiéndose en agnóstico. No obstante, continuó dedicándose a la filosofía, estudiando a Wittgenstein y convirtiéndose en una figura destacada: fue presidente de la British Academy y fue nombrado *Sir* por la reina de Inglaterra. Kenny fue discípulo de Geach, que era mayor que él, pero aquí nos interesa sobre todo su posición respecto de Tomás, filósofo que, a su juicio, es grande sobre todo por su teoría del conocimiento, expresión del realismo: una filosofía que permite conocer la realidad tal como es en sí misma. Para Kenny, en su libro *Aquinas on Mind*[4], la teoría tomista del conocimiento es la mejor que jamás se haya concebido. Sin embargo, rechaza la doctrina tomista del ser en otro libro, *Aquinas on Being,* donde afirma que dicha doctrina está completamente equivocada y plagada de sinsentidos[5]. A juicio de quien escribe, después de estos libros, todo filósofo o teólogo que quiera defender a Tomás debe, ante todo, enfrentarse con un libro de Kenny titulado precisamente *The Five Ways,* publicado en 1969[6]. En efecto, Kenny dirigió críticas puntuales a cada una de las cinco vías.

Tras analizar la primera vía, pasamos a la segunda. Esta parte de la noción de causa eficiente. En el mundo sensible —que, también aquí, es el punto de partida— encontramos un orden entre las causas eficientes, es decir, entre aquellas causas que producen un efecto determinado o que hacen que algo que antes no existía llegue a ser. Sin embargo, es imposible que un ente sea causa eficiente de sí mismo, ya que, de ser así, sería anterior a sí mismo, lo cual es inconcebible. En efecto, un ente no puede hacerse a sí mismo, porque, para hacerse, tendría que existir previamente. Mientras que en la primera vía Tomás se apoyaba en la teoría aristotélica del movimiento, aquí el punto de apoyo es la teoría aristotélica de la causa eficiente, aunque el principio argumentativo sigue siendo el mismo. Tomás afirma que proceder al infinito en la cadena de

---

[4]   Anthony Kenny, *Aquinas on Mind,* Routledge, New York 1993 [tr. es. *Tomás de Aquino y la mente,* Herder, Barcelona 2000].

[5]   Anthony Kenny, *Aquinas on Being,* Clarendon, Oxford 2002.

[6]   Anthony Kenny, *The Five Ways: Saint Thomas Aquinas' Proofs of God's Existence*, Routledge, London 1969.

causas eficientes equivale a eliminar las causas eficientes; por eso, es necesario admitir una primera causa eficiente, a la que todos llaman Dios. El Dios descrito anteriormente como Motor Inmóvil se convierte ahora en primera causa eficiente: una causa no producida por otra, sino que produce por sí misma todo lo demás.

He aquí el texto de la segunda vía.

> La segunda [vía] es la que se deduce de la causa eficiente. Pues nos encontramos que en el mundo sensible hay un orden de causas eficientes. Sin embargo, no encontramos, ni es posible, que algo sea causa eficiente de sí mismo, pues sería anterior a sí mismo, cosa imposible. En las causas eficientes no es posible proceder indefinidamente porque en todas las causas eficientes hay orden: la primera es causa de la intermedia; y ésta, sea una o múltiple, lo es de la última. Puesto que, si se quita la causa, desaparece el efecto, si en el orden de las causas eficientes no existiera la primera, no se daría tampoco ni la última ni la intermedia. Si en las causas eficientes llevásemos hasta el infinito este proceder, no existiría la primera causa eficiente; en consecuencia no habría efecto último ni causa intermedia; y esto es absolutamente falso. Por lo tanto, es necesario admitir una causa eficiente primera. Todos la llaman Dios[7].

A propósito de este argumento, Kenny sostiene que Tomás confunde la causa eficiente de todos los entes con la causa motriz de la que habla Aristóteles. Según Kenny, en efecto, Tomás puede hablar de causa eficiente solo porque presupone el concepto de creación, que en sí mismo no es evidente. El Estagirita, por su parte, al no contar con la noción de creación —tal como la entiende Tomás—, solo puede hablar de causa motriz, y no de una primera causa eficiente. Sin embargo, esta crítica de Kenny no se sostiene: en el libro XII de la *Metafísica*, Aristóteles se refiere al primer motor como *kinêtikón ê poiêtikón*, donde *poiêtikón* significa precisamente «eficiente». La diferencia respecto de Tomás radica en que la causa eficiente en Aristóteles no produce los entes, sino el

---

7   Santo Tomás de Aquino, *Suma de teología*, I, q. 2, a. 3, op. cit., p. 112.

movimiento. Se trata, en cualquier caso, de una causa eficiente, por lo que no es correcto afirmar que hablar de causa eficiente implique necesariamente presuponer la creación.

La tercera vía de Tomás emplea como referentes conceptuales lo contingente y lo necesario. Tomás afirma que existen entes contingentes —es decir, aquellos que pueden ser o no ser, ya que nacen y perecen—, y entes necesarios, que no pueden no ser y, por tanto, existen de manera estable. Si no existieran entes necesarios —argumenta Tomás—, sería posible que en algún momento no hubiese absolutamente nada en la realidad; pero esto es imposible, ya que, si así hubiera sido aunque solo fuese por un instante, dado que de la nada no surge nada, tampoco ahora existiría nada. No todos los entes son, por tanto, contingentes, concluye Tomás, de modo que en la realidad debe haber algo necesario, a lo que todos llaman Dios. A su juicio, entonces, si hay algo (y algo hay), existe al menos un ente que sea necesario, y ese ente es Dios.

Esta prueba es muy profunda, porque ahonda en los conceptos de ser y de no ser. Para Tomás, sin Dios, todo podría volver a la nada absoluta; pero desde esa nada ya no podría surgir nada, ya que solo Dios puede dar existencia a la creación. Sin embargo, dado que Dios existe, esta posibilidad debe descartarse por completo. Esta tercera prueba reviste también una importancia particular porque se trata de un argumento original, no presente en Aristóteles.

He aquí el texto.

> La tercera [vía] es la que se deduce a partir de lo posible y de lo necesario. Y dice: Encontramos que las cosas pueden existir o no existir, pues pueden ser producidas o destruidas, y consecuentemente es posible que existan o que no existan. Es imposible que las cosas sometidas a tal posibilidad existan siempre, pues lo que lleva en sí mismo la posibilidad de no existir, en un tiempo no existió. Si, pues, todas las cosas llevan en sí mismas la posibilidad de no existir, hubo un tiempo en que nada existió. Pero si esto es verdad, tampoco ahora existiría nada, puesto que lo que no existe no empieza a existir más

que por algo que ya existe. Si, pues, nada existía, es imposible que algo empezara a existir; en consecuencia, nada existiría; y esto es absolutamente falso. Luego no todos los seres son solo posibilidad; sino que es preciso algún ser necesario. Todo ser necesario encuentra su necesidad en otro, o no la tiene. Por otra parte, no es posible que en los seres necesarios se busque la causa de su necesidad llevando este proceder indefinidamente, como quedó probado al tratar las causas eficientes (núm. 2). Por lo tanto, es preciso admitir algo que sea absolutamente necesario, cuya causa de su necesidad no esté en otro, sino que él sea causa de la necesidad de los demás. Todos le dicen Dios[8].

A esta prueba, Kenny opone una objeción que parecería decisiva: el hecho de que cada cosa pueda no ser no implica que haya un momento en el que no exista ninguna cosa.

La cuarta vía, la más discutida, según Tomás, se deriva de los «grados de perfección» que se encuentran en las cosas. En efecto, es un hecho que en las cosas se hallan el bien, lo verdadero, lo noble y otras perfecciones similares en mayor o menor grado; existen, pues, distintos grados de perfección, algo que también puede percibirse con los sentidos. Sin embargo, el grado mayor o menor se atribuye a las distintas cosas en función de su mayor o menor cercanía con aquello que es sumamente perfecto respecto de ese grado. Así, por ejemplo, una cosa es más caliente cuanto más su temperatura se aproxima a lo que es sumamente caliente. Puesto que hay distintos grados de calor, debe existir algo que sea sumamente caliente, es decir, que posea la cualidad del calor en grado máximo. Tomás, evidentemente, no se detiene en el plano físico, sino que eleva el razonamiento al plano metafísico: lo traslada al ser mismo, en el cual observa también diversos grados, atribuyendo esta tesis a Aristóteles, incluida la idea de que el ente más perfecto, el ente verdaderamente causa de todo, es Dios.

Y he aquí el texto de la cuarta vía.

---

[8]   Id.

La cuarta [vía] se deduce de la jerarquía de valores que encontramos en las cosas. Pues nos encontramos que la bondad, la veracidad, la nobleza y otros valores se dan en las cosas. En unas más y en otras menos. Pero este *más* y este *menos* se dice de las cosas en cuanto que se aproximan *más* o *menos* a lo máximo. Así, caliente se dice de aquello que se aproxima más al máximo calor. Hay algo, por tanto, que es muy veraz, muy bueno, muy noble; y, en consecuencia, es el máximo ser; pues las cosas que son sumamente verdaderas, son seres máximos, como se dice en II *Metaphys.* Como quiera que en cualquier género, lo máximo se convierte en causa de lo que pertenece a tal género —así el fuego, que es el máximo calor, es causa de todos los calores, como se explica en el mismo libro—, del mismo modo hay algo que en todos los seres es causa de su existir, de su bondad, de cualquier otra perfección. Le llamamos Dios[9].

Este razonamiento, sin embargo, no se encuentra en Aristóteles. Comencemos señalando que, en Tomás, el concepto de Dios es mucho más rico que el que se desprende de las demás pruebas: Dios es, en efecto, para él el ente supremo, que posee todas las perfecciones en grado máximo (el más bueno, el más verdadero, etc.), y como tal es causa del ser en todas las demás cosas. Todos los intérpretes coinciden en que esta no es una prueba de tipo aristotélico, sino de tipo platónico, ya que era Platón quien admitía distintos grados del ser. En efecto, para Platón el mundo sensible no era más que una imagen del mundo de las Ideas, el cual es el único que es plenamente ser: el mundo cambiante en el que vivimos era para él, como es sabido, una especie de término medio entre el ser y la nada. La idea de los grados del ser es platónica, y fue precisamente esta la que llevó a Platón a concebir la Idea del Bien como el ser perfectísimo, del cual todas las demás Ideas participan en diverso grado y al que están subordinadas. Se trata de una tesis que se encuentra después en todo el neoplatonismo.

Tomás cita, a este propósito, un pasaje del libro II, capítulo 1, de la *Metafísica* de Aristóteles, en el que el Estagirita afirma que,

---

[9]   Id.

cuando una cualidad sinónima es poseída en grados diversos por distintas cosas, debe existir algo que la posea en grado sumo[10]. Sin embargo, aquí Aristóteles dice algo distinto: sostiene que, allí donde haya una cualidad sinónima —es decir, homogénea, del mismo género, lo que hoy llamaríamos unívoca—, poseída en grados diversos por distintas cosas, debe existir algo que la posea en grado máximo. Él mismo pone el ejemplo del fuego, que posee el calor en grado sumo. Pero para Aristóteles esto no vale siempre, sino única mente para los predicados unívocos, como lo caliente. El ser, en cambio, no es unívoco, no es homogéneo; Aristóteles afirma, en efecto, que el ser se dice de muchas maneras, de modo que, para él, este razonamiento no puede aplicarse al ser.

Para el Estagirita, además, el fuego, al ser causa del calor, lo posee en grado máximo; Tomás, en cambio, razona en sentido inverso, es decir, sostiene que aquello que posee una cualidad en grado máximo es la causa de esa cualidad. Pero este razonamiento, planteado así, no es correcto: tanto Geach como Kenny señalaron este error lógico. Esta falencia fue advertida también por varios filósofos analíticos, precisamente en un momento en que la cuarta vía era exaltada en Europa por todos los grandes tomistas, como Étienne Gilson, Jacques Maritain y Cornelio Fabro.

A propósito de este tema, resulta historiográficamente interesante subrayar que fue criticado, además de por Geach y Kenny, también por el padre general de la Orden de los Dominicos, Victor

---

[10] Aristóteles, *Metafísica* II 1, 993 b 24-31: «Cada cosa es, más que todas las demás, aquello en virtud de lo cual también a las otras les corresponde la cualidad sinónima *(to sunônumon)*; por ejemplo: el fuego es caliente en grado sumo, pues él es la causa del calor en las demás cosas. Por consiguiente, verdadera es, en grado sumo, la causa de que sean verdaderas las cosas posteriores <a ella>. Y de ahí que, necesariamente, son eternamente verdaderos en grado sumo los principios de las cosas que eternamente son. En efecto, <tales principios> no son verdaderos a veces, ni hay causa alguna de su ser; más bien, ellos <son causa del ser> de las demás cosas. Por consiguiente, cada cosa posee tanto de verdad cuanto posee de ser» [trad. mod.].

de Couesnongle, en dos artículos publicados en 1954[11]. En dichos textos mostró cómo esta vía de Tomás, basada en una concepción errónea de la univocidad del ser, es la más débil de las cinco, precisamente en un período histórico en el que otros grandes tomistas europeos, como Gilson, Maritain y Fabro, consideraban la cuarta vía como la más sólida y mejor formulada.

Esta vía es, en efecto, la más débil, porque se basa en una concepción univocista del ser. En efecto, la diferencia de grado es una diferencia cuantitativa dentro de un género homogéneo, no una diferencia cualitativa. En el caso del ser, por tanto, no hay diferencias de grado —es decir, de cantidad—, sino diferencias de género, es decir, de calidad. Y lo mismo vale para la existencia: así como no puede haber grados distintos de ser, tampoco puede haber grados distintos de existencia, ya que una cosa o existe o no existe. Lo mismo se aplica a lo verdadero y lo falso: no hay grados de verdad, es decir, proposiciones más o menos verdaderas o más o menos falsas; una proposición o es verdadera o es falsa.

La quinta vía, para Tomás, se deduce del orden de las cosas. Los entes carentes de inteligencia —es decir, los cuerpos físicos— actúan en función de un fin, como lo muestra el hecho de que obran casi siempre del mismo modo para alcanzar una perfección. Es por su predisposición natural que alcanzan ese fin, pero lo que carece de inteligencia no tiende a un fin si no es porque ha sido dirigido por un ser inteligente, como la flecha lanzada por el arquero. Existe, por tanto, según Tomás, un ente inteligente que ordena todas las cosas naturales a un fin, y ese ente es Dios. Y aquí está el texto.

La quinta [vía] se deduce a partir del ordenamiento de las cosas. Pues vemos que hay cosas que no tienen conocimiento, como son los cuerpos naturales, y que obran por un fin. Esto se puede

[11]   Victor de Couesnongle, «La causalité du maximum. L'utilisation par Saint Thomas d'un passage d'Aristote» y «La causalité du maximum. Pourquoi Saint Thomas a-t-il mal cité Aristote?», en *Revue des sciences philosophiques et théologiques*, 84 (1954), pp. 433-444 y pp. 658-680.

comprobar observando cómo siempre o a menudo obran igual para conseguir lo mejor. De donde se deduce que, para alcanzar su objetivo, no obran al azar, sino intencionadamente. Las cosas que no tienen conocimiento no tienden al fin sin ser dirigidas por alguien con conocimiento e inteligencia, como la flecha por el arquero. Por lo tanto, hay alguien inteligente por el que todas las cosas son dirigidas al fin. Le llamamos Dios[12].

Aquí Tomás afirma que Dios es también inteligente, porque no actúa al azar, sino con un fin. Esto es lo que hoy se conoce como el argumento del *Intelligent Design:* dado que el ser está ordenado, según esta prueba debe necesariamente existir también algo que lo ordene. Es el único argumento que Kant salvará en Tomás; sin embargo, Kenny ha sostenido —con razón— que tampoco este argumento se sostiene: el hecho de que cada cosa tienda a su propio fin no implica que todas tiendan al mismo fin. Existen fines, pero no está dicho que haya un único fin: se equivocaba, por tanto, Tomás al hablar del «fin» al que todas las cosas estarían ordenadas. Aquí surge, además, la necesidad de verificar si es cierto, desde el punto de vista científico, que todas las cosas tienden a un fin; algo que resulta discutible tanto en el mundo inanimado como —gracias a las construcciones teóricas del evolucionismo de Darwin— en el mundo animado, donde el proceso evolutivo es fruto de una selección «casual», sin un fin.

---

[12] Santo Tomás de Aquino, *Suma de teología*, I, q. 2, a. 3, op. cit., pp. 112-113.

IV. DESCARTES

Pasemos ahora de la Edad Media a la filosofía moderna, al siglo XVII, considerado convencionalmente como el inicio de la modernidad, gracias sobre todo a la ciencia de Galileo y Newton, aunque ya antes Copérnico y Kepler habían realizado importantes contribuciones en esta dirección.

René Descartes (Cartesius, en la forma latinizada con la que dejó escrito que deseaba ser llamado) se consideraba ya a sí mismo como el iniciador de una nueva época en la historia del pensamiento, a pesar de que muchas de sus doctrinas retomaban elementos de la filosofía escolástica. En efecto, entre los jesuitas con quienes había estudiado en Francia, el estudio de Aristóteles y de Tomás era obligatorio. Sin embargo, con la genialidad que lo caracterizaba, Descartes percibió que estaba naciendo una nueva visión del mundo: la ciencia moderna, que se alejaba notablemente de la tradición clásica. Comprendió, por tanto, que sería necesaria una nueva filosofía que la tuviera en cuenta: una filosofía científica. Descartes prestó especial atención a los desarrollos de la matemática, por la que sentía una inclinación particular; a él se debe, de hecho, el descubrimiento de la geometría analítica, es decir, la intuición de que las ecuaciones algebraicas pueden representarse como curvas geométricas, y viceversa. Esta convertibilidad recíproca entre álgebra y geometría le sugirió posteriormente la idea de una ciencia aún más universal, que comprendiera todas las demás ciencias, fundada en la matemática, y que él llamó *mathesis universalis*.

Desde joven, Descartes había intuido la posibilidad de extender el método de la matemática a la física —como en esos mismos años estaba haciendo en Italia Galileo— e incluso a la filosofía misma, construyendo así una ciencia universal capaz de conocer toda la realidad y de resolver todos los problemas. Eligió la matemática porque, a diferencia de la filosofía —donde reinaban disputas interminables—, la matemática ofrecía mayores certezas; por ello, el método matemático se presentaba como más riguroso y fiable. Descartes llamó a su método «de análisis y de síntesis». Se trata, en efecto, del método del análisis matemático, en el que, partiendo de un problema, se busca su solución en los principios, remontándose de lo menos conocido a lo más conocido; luego, mediante la síntesis —que no es otra cosa que la demostración—, se pasa de lo más conocido, es decir, los principios, a lo menos conocido, es decir, las conclusiones. En ambos casos se trata de procedimientos deductivos, de modo que el de Descartes fue un método esencialmente deductivo. Como en toda deducción era necesario partir de elementos ciertos para alcanzar resultados verdaderos, Descartes teorizó un conocimiento intuitivo directo de ciertas verdades primitivas evidentes para todos, como lo son, en matemática, los principios: es decir, las definiciones y los axiomas.

El proyecto de Descartes fue, por tanto, más científico que filosófico, ya que buscaba aprovechar los logros de la ciencia moderna. Sin embargo, mientras el filósofo francés estaba inmerso en estas investigaciones, estalló en Europa el llamado «caso Galileo», es decir, la condena de Galileo por parte del Santo Oficio en 1633. Descartes tuvo noticia de ello y quedó profundamente turbado, ya que, en su fuero interno, creía que Galileo tenía razón, no solo al sostener la validez del sistema copernicano, sino, sobre todo, en la elaboración de su nueva ciencia —la mecánica—, surgida de la aplicación del método matemático a la física.

Descartes, aunque no era particularmente religioso, era un creyente católico sincero y, por tanto, no deseaba enfrentarse a la Iglesia. La noticia de la condena de Galileo lo llevó a suspender la publicación del tratado que estaba escribiendo, *Le Monde,* en el que exponía su proyecto de *mathesis universalis.* Decidió entonces dedicarse a la construcción de una metafísica, es decir, a un discurso distinto del de la ciencia universal, que le permitiera salvaguardar dos verdades que consideraba esenciales para la religión católica: la existencia de Dios y la inmortalidad del alma. Descartes creía que, si lograba construir una metafísica de este tipo, ello lo pondría a salvo de una posible condena por parte de la Iglesia[1], la que a su vez le permitiría publicar sin problemas su tratado sobre el universo. No quería ser un metafísico, pero se vio obligado a elaborar también una metafísica que al menos preservara esas dos verdades fundamentales de la fe católica. Paradójicamente, fue precisamente su metafísica lo que acabó por hacerlo más célebre.

¿Cómo estaba construida la metafísica de Descartes? Aplicando, una vez más, el método de la matemática, buscó la verdad más evidente desde la cual partir para deducir las dos tesis de las que hablábamos hace un momento. Esta verdad más evidente fue para él el célebre *cogito, ergo sum,* es decir, la tesis según la cual, dado que al menos este nuestro pensamiento existe, ese es el dato originario de verdad del que debe partirse. Desde el punto de vista filosófico, este planteamiento revela una actitud correcta: no dar nada por descontado, no presuponer nada, dudar de todo; pues la filosofía debe ser enteramente crítica, libre de prejuicios, sin dogmas. Al dudar de todo, Descartes se dio cuenta, sin embargo, de

---

[1]   Como ha escrito acertadamente Augusto Del Noce, «las *Meditaciones* de Descartes deben leerse como la primera obra de filosofía escrita contra los ateos (y no contra los gentiles, como la *Summa* tomista, y ello sencillamente en el sentido de que en tiempos de Santo Tomás no se podía hablar de ateísmo en sentido estricto)» (Augusto Del Noce, *Il problema dell'ateismo*, Il Mulino, Bologna 1964, p. 13).

que había algo de lo que no podía dudar: el propio acto de dudar, ya que dudar de él no haría sino volver a plantearlo. La duda es, por tanto, indudable; pero dudar implica pensar, de modo que el punto de partida no fue, en realidad, la duda, sino el *cogito*. A partir de esta intuición fundamental —el hecho de que el pensamiento es indudable— logró deducir las dos tesis que más le importaban.

Nos limitamos aquí a mencionar brevemente la primera tesis: la de la inmortalidad del alma. Descartes, como muchos católicos, tenía una concepción dualista del ser humano, según la cual este estaría compuesto por la unión de un cuerpo mortal y un alma inmortal. Creía que esta era la visión cristiana, cuando en realidad se trata más bien de la visión platónica, pitagórica, órfica: una concepción griega que no se encuentra ni en la Biblia hebrea ni en los textos cristianos originales. En cualquier caso, toda la Edad Media —al menos desde Agustín en adelante— consideró la inmortalidad del alma como una doctrina cristiana, y Descartes, como muchos aún hoy, se vio influido por ello. La idea del alma como sustancia, es decir, como una realidad capaz de subsistir por sí misma, quería derivarla, sin embargo, del *cogito*.

Descartes razonó del siguiente modo: dado que lo único de lo que no puedo dudar es de mi pensamiento, sí puedo, en cambio, dudar de tener un cuerpo. De hecho, podría ser que la vida fuese un sueño; ninguno de nosotros puede tener la certeza absoluta de estar aquí ahora. Si podemos dudar de todo lo que es corporal o material, eso significa que, en lo esencial, somos seres pensantes. (Era la época en la que Pedro Calderón de la Barca escribía su famoso drama *La vida es sueño*). Aunque estuviéramos soñando, estaríamos, en todo caso, pensando; y por lo tanto, somos esencialmente una *res cogitans*. Nuestra naturaleza está constituida por el pensamiento, mientras que el cuerpo, que pertenece al ámbito de la materia, no es más que extensión, algo medible por la geometría y la matemática: cantidad, *res extensa*. El ser humano es, por tanto, la unión de dos sustancias: *res cogitans* y *res extensa*, de las cuales la primera es la esencial. Para Descartes, la «independencia» del alma respecto del cuerpo garantiza su inmortalidad, ya que el alma puede seguir pensando incluso cuando el cuerpo muere.

Se puede, por supuesto, discutir esta demostración, pero la que más nos interesa en esta sede es la demostración cartesiana de la existencia de Dios. Para ello, Descartes tenía a sus espaldas toda la tradición de la filosofía escolástica; sin embargo, quiso tomar como punto de partida precisamente la certeza del *cogito* como dato originario. Las pruebas que construye son, entonces, en cierto sentido, una síntesis o una mezcla entre las de la escolástica y aquellas derivadas de su propio descubrimiento: el *cogito ergo sum.* Estas se encuentran en la cuarta parte del *Discurso del método,* en la que Descartes presenta tres pruebas de la existencia de Dios (aunque él creía estar exponiendo cuatro). La primera prueba parte de la idea de perfección. Descartes, reflexionando sobre el hecho de que dudaba, y reconociendo que el conocer es una perfección mayor que el dudar —pues el fin de la duda es precisamente querer conocer más allá de toda duda—, comprendió con certeza que no era un ente perfecto, y se propuso entonces averiguar de dónde había obtenido la idea de algo realmente perfecto. Para poder decir que uno es imperfecto, es necesario, en efecto, tener en la mente la idea de perfección. Para Descartes, esto conduce con evidencia a considerar que dicha idea proviene al ser humano de una naturaleza más perfecta, dado que el hombre es un ser imperfecto, que ni siquiera tiene certeza de que las cosas que lo rodean existan. La fuente de esta idea es, por tanto, según él, el ser perfecto, es decir, Dios.

Y aquí está el texto de la prueba.

> Reflexionando [...] sobre el hecho de que yo dudaba y que, por lo tanto, mi ser no era enteramente perfecto, pues veía con claridad que había mayor perfección en conocer que en dudar, se me ocurrió indagar de qué modo había llegado a pensar en algo más perfecto que yo; y conocí con evidencia que debía ser a partir de alguna naturaleza que, efectivamente, fuese más perfecta. Por lo que se refiere

a los pensamientos que tenía de algunas otras cosas exteriores a mí como el cielo, la tierra, la luz, el calor, y otras mil, no me preocupaba tanto por saber de dónde procedían, porque, no observando en tales pensamientos nada que me pareciera hacerlos superiores a mí, podía pensar que, si eran verdaderos era por ser dependientes de mi naturaleza en tanto que dotada de cierta perfección; y si no lo era, que procedían de la nada, es decir, que los tenía porque había en mi imperfección. Pero no podía suceder lo mismo con la idea de un ser más perfecto que el mío; pues, que procediese de la nada era algo manifiestamente imposible; y puesto que no es menos contradictorio pensar que lo más perfecto sea consecuencia y esté en dependencia de lo menos perfecto, que pensar que de la nada provenga algo, tampoco tal idea podía proceder de mí mismo. De manera que solo quedaba la posibilidad de que hubiera sido puesta en mí por una naturaleza que fuera realmente más perfecta que la mía y que poseyera, incluso, todas las perfecciones de las que yo pudiera tener alguna idea, esto es, para decirlo en una palabra, que fuera Dios[2].

Esta es la primera prueba de la existencia de Dios ofrecida por Descartes: para él, la idea de perfección solo puede haber llegado a nuestra mente a partir de Dios. Y aquí es evidente la analogía con la prueba de Anselmo, quien —como recordábamos anteriormente— afirmaba que incluso el insensato tiene la idea de Dios. Sin embargo, esta prueba presenta la misma dificultad que la de Anselmo, ya que contiene un paso indemostrable del pensar al ser, por lo que queda expuesta a las mismas objeciones, frente a las cuales, como mostraremos, se detendrá especialmente Kant.

La segunda prueba de la existencia de Dios se basa, en cierto sentido, en la anterior. Descartes llega a ella también por vía reflexiva, afirmando que, dado que tenía conocimiento de ciertas perfecciones de las que él mismo carecía por completo, debía tener la certeza de no ser el único ente existente, sino que, necesariamente, debía existir algún otro ente más perfecto, del cual había

---

2   René Descartes, *Discurso del método,* traducción de E. Bello Reguera, Tecnos, Madrid 2008, parte IV, pp. 49-50.

recibido todas sus cualidades. De lo contrario, el ser humano habría podido darse a sí mismo todo lo que le falta, hasta el punto de poder considerarse inmutable, omnisciente, omnipotente, y, en general, dotado de todas las perfecciones que suelen atribuirse a Dios. Sin embargo —observa Descartes— esto no puede ser, ya que el hecho mismo de dudar es prueba de imperfección: si el ser humano se hubiese hecho a sí mismo, se habría hecho perfecto, no dubitante. Pero no es el caso, por lo que puede deducirse que existe algún otro ente que ha hecho al ser humano, y ese ente, para Descartes, es Dios.

He aquí la segunda prueba.

> Añadí a esto que, puesto que conocía algunas perfecciones que en modo alguno tenía, no era yo el único ser que existiese (usaré aquí libremente, si me lo permitís, términos de la escuela), sino que era absolutamente necesario que existiera otro ser más perfecto, de quien yo dependiese y del que hubiese adquirido todo lo que tenía. Pues, si yo hubiera existido solo e independientemente de todo otro, de tal manera que de mí mismo procediese todo lo poco que participaba del ser perfecto, por idéntica razón hubiera podido tener por mí mismo todo lo demás que sabía que me faltaba y, de este modo, ser yo mismo infinito, eterno, inmutable, omnisciente, omnipotente y, en fin, tener todas las perfecciones que según podía comprender existen en Dios[3].

El punto de vista de esta prueba es subjetivo: Descartes parte de la constatación de su propia imperfección; él duda, por tanto, es imperfecto. Eso significa que no se ha hecho a sí mismo, porque, si se hubiera hecho a sí mismo, se habría otorgado todas las perfecciones. Por tanto, hay alguien más que lo ha hecho, y ese alguien es Dios.

La prueba que aquí se ofrece es similar a la anterior, pero no parte de la idea de perfección, sino, más profundamente, del hecho

---

[3]   Ib., pp. 50-51.

mismo de la imperfección humana, de nuestra finitud, de nuestra contingencia: en suma, el ser humano no es el Absoluto. Aquí Descartes parece enlazar, en cierta medida, con las cinco vías de Tomás, ya que, a partir de un dato de experiencia, quiere deducir la necesidad de un principio absoluto. Tomás, sin embargo, se remitía a una experiencia externa (el movimiento, etc.), mientras que Descartes recurría a una experiencia interna, es decir, miraba dentro de sí mismo, de un modo típicamente moderno: por eso se dice que la filosofía moderna, con Descartes, descubre precisamente la interioridad.

La tercera prueba, a la que Descartes llega también por medio de la reflexión y no de la observación, parte del examen del objeto de la geometría, concebido como un cuerpo continuo infinitamente extenso, divisible en partes que pueden moverse en cualquier dirección. Se trata del llamado espacio euclídeo: infinito, vacío, transitable en todas las direcciones, en el que las magnitudes geométricas son cuerpos extensos de todo tipo. Al volver sobre algunas demostraciones simples de los matemáticos, Descartes advirtió que la gran certeza que todos les atribuían no era real, ya que tampoco se puede afirmar que las figuras de la geometría existan, precisamente porque es lícito dudar de todo —salvo de nuestro pensamiento dubitante—. Tomemos, por ejemplo, un triángulo. Podemos imaginarlo y construir sobre él un teorema, pero todo eso no implica que el triángulo exista realmente; el teorema vale, por tanto, solo si el triángulo existe. En cambio, al volver a examinar la idea que Descartes tenía del ser perfecto, la existencia de ese ser —según él— está necesariamente demostrada, ya que, siendo un ser perfecto, no carece de nada, y por tanto debe existir necesariamente (pues si no existiera, le faltaría algo).

La existencia de Dios está comprendida, por tanto, en su perfección, con la misma necesidad con la que las propiedades del triángulo están comprendidas en la propia definición del triángulo; es decir, con una necesidad de tipo matemático. Este tipo de demostración era el que más interesaba a Descartes, porque el saber matemático era, a su juicio, indudable, absolutamente cierto y, por tanto, irrefutable (la idea de la hipoteticidad, que hoy se atribuye también al saber matemático, aún no lo había alcanzado). En consecuencia, para Descartes, es cierto que Dios existe del mismo modo en que lo son ciertas demostraciones de la geometría; es decir, estaba convencido de haber encontrado la prueba matemática definitiva de la existencia de Dios. Sin embargo, se dio cuenta de que también Anselmo había dicho algo similar, al afirmar que las ideas de Dios y del alma no provienen de la experiencia, sino de nuestra mente.

He aquí el texto de la tercera prueba.

Quise buscar, después, otras verdades y, habiéndome propuesto el objeto de los geómetras, que concebía como un cuerpo continuo o un espacio indefinidamente extenso en longitud anchura y altura o profundidad, divisible en diversas partes, que podían tener diferentes figuras y tamaños, y ser movidas o trasladadas de todas las maneras posibles, pues los geómetras suponen todo esto en su objeto, repasé algunas de sus más simples demostraciones. Y habiendo advertido que la gran certeza que todo el mundo les atribuye solo está fundada en que se las concibe con evidencia, siguiendo la regla antes formulada, advertí también que no había en ellas absolutamente nada que me asegurase la existencia de su objeto. Porque, por ejemplo, veía bien que, si suponemos un triángulo, sus tres ángulos tienen que ser necesariamente iguales a dos rectos, pero en tal evidencia no apreciaba nada que me asegurase que haya existido triángulo alguno en el mundo. Al contrario, volviendo a examinar la idea que tenía de un ser perfecto, encontraba que la existencia estaba comprendida en ella del mismo modo que en la de un triángulo está comprendido el que sus tres ángulos son iguales a dos rectos, o en la de una esfera, el que todas sus partes equidistan de su centro, e incluso con mayor evidencia; y, en consecuencia, es al menos tan cierto que Dios, que es ese ser perfecto, es o existe, como puede serlo cualquier demostración de la geometría[4].

4   Ib., pp. 52-53.

Esta prueba, de herencia anselmiana, es una especie de reformulación de la primera. En ella se sostiene que la existencia debe ser necesariamente atribuida a Dios, porque puede derivarse analíticamente de la definición de ser perfecto.

Según Descartes, habría también una cuarta prueba, que sostiene que en nuestra mente existen verdades innatas que no pueden provenir de los sentidos —los cuales nos engañan—, por lo que solo pueden proceder de Dios; y en ellas debemos confiar porque Dios es bueno y no engaña. Pero esta prueba constituye claramente un círculo vicioso, como advirtieron de inmediato incluso los propios discípulos de Descartes. Por eso, nunca ha sido tomada seriamente en consideración. Las otras tres pruebas son, sin embargo, originales, ya que analizan las tesis de la escolástica a la luz de los descubrimientos cartesianos del *cogito* y de la interioridad, y por tanto merecen ser tenidas en cuenta.

V. LEIBNIZ

Gottfried Wilhelm Leibniz, que vivió entre los siglos XVII y XVIII, fue un hombre de cultura internacional, filósofo y científico al mismo tiempo. Fue contemporáneo de Isaac Newton, quien ofreció la primera explicación global del universo mediante la ley de la gravitación universal. Es curioso que también Newton llegara —de manera independiente de Leibniz— al descubrimiento del cálculo infinitesimal, realizado por el filósofo alemán. Leibniz descubrió en física y en mecánica realidades importantes, como la energía cinética. Además, pensó haber ideado una especie de lenguaje universal basado en cifras y números, que algunos consideran un antecedente de la informática actual.

Leibniz imaginó también la existencia de muchos mundos posibles, lo cual representa un hallazgo innovador y, además, característico de la lógica contemporánea. A su juicio, Dios es omnipotente, es decir, puede crear infinitos mundos, distintos entre sí pero cada uno coherente en su interior. Además, sostenía que nuestro mundo es el mejor de los mundos posibles; por ello, era un optimista, ya que creía en la bondad de Dios. Genial, en cualquier caso, en su intuición, es la idea de que el mundo real es uno, pero los mundos posibles —es decir, los no contradictorios— son infinitos. En la lógica moderna, de hecho, no existe un único sistema de axiomas y deducciones: al cambiar los axiomas, pueden crearse infinitos sistemas lógicos; de modo análogo, en geometría, al modificar los postulados de la geometría euclídea, es posible construir infinitas geometrías no euclídeas, igualmente rigurosas y coherentes en su interior. Leibniz fue, por tanto, un verdadero precursor en este campo.

Él, aún más que Descartes, supo integrar el conocimiento de la ciencia moderna con el estudio y la comprensión de la tradición filosófica. Estudió filosofía de forma autónoma con su maestro Jakob Thomasius, remontándose hasta Aristóteles —mientras que Descartes se había detenido en la escolástica—. Con Leibniz se dio, de hecho, el pleno redescubrimiento de Aristóteles en la época moderna. Las pruebas de la existencia de Dios reaparecen en él de manera más concisa y rigurosa que en Descartes; de hecho, reformuló las cinco pruebas de Tomás reduciéndolas a una sola, y haciéndola así más sólida.

Leamos, entonces, la formulación más concisa de Leibniz, contenida en una de sus últimas obras: la *Monadología,* un opúsculo de pocas páginas en el que se sintetiza su filosofía, publicado en 1714. Las mónadas —que en griego significa «unidades»— son, para Leibniz, las almas de los hombres. Es significativo, en este sentido, el párrafo 31, donde se afirma que nuestros razonamientos se basan en dos grandes principios: el «principio de no contradicción», según el cual las proposiciones contradictorias son juzgadas falsas, ya que la realidad no admite contradicción; y el «principio de razón suficiente», según el cual es imposible que un hecho cualquiera sea verdadero o exista si no hay una razón suficiente para su existencia. Para Leibniz, estos principios rigen todos los mundos posibles, es decir, todos los mundos, incluso los solo pensados o imaginados; si un mundo contiene una contradicción, entonces no es posible.

Leibniz consideró el principio de no contradicción en su formulación clásica aristotélica, pero añadió, de manera original, el principio de razón suficiente. Este puede ilustrarse fácilmente con un ejemplo: pensemos en el hecho de que, en este momento, nos encontramos en un determinado lugar —por ejemplo, en una habitación de hotel—. Sin duda, hay razones por las cuales estamos en esta habitación y no en casa o en otro lugar: la razón suficiente es precisamente la razón que explica este hecho y, en general, los hechos. Este principio, al explicar lo que ocurre en la realidad, vale para el mundo real, el que Dios ha elegido crear. En el mundo real, nuestros razonamientos, para ser verdaderos, deben respetar ambos principios; en cambio, en los mundos posibles basta con que se respete el principio de no contradicción.

He aquí el texto de la *Monadología*.

> 31. Nuestros razonamientos se fundan en *dos grandes principios*. Uno es *el de contradicción*, en virtud del cual juzgamos *falso* lo que encierra contradicción, y *verdadero* lo que es opuesto a, o contradictorio con, lo falso.
>
> 32. El otro es *el de razón suficiente*, en virtud del cual consideramos que no puede hallarse ningún hecho verdadero o existente ni ninguna Enunciación verdadera sin que asista una razón suficiente para que sea así y no de otro modo, aun cuando esas razones nos puedan resultar, en la mayoría de los casos, desconocidas[1].

Así como hay dos principios, también hay dos tipos de verdades. Es lo que Leibniz explicita en el parágrafo 38 de la *Monadología*, donde afirma que existen dos especies de verdades: las verdades de razón y las verdades de hecho. Las primeras son necesarias, y su opuesto es imposible. Las segundas son contingentes, y su opuesto es posible. Cuando una verdad es necesaria, puede encontrarse una razón de ella mediante el análisis, resolviéndola en verdades más simples, hasta llegar a aquellas primitivas. Así sucede en las matemáticas, donde los problemas se reducen a definiciones, axiomas y postulados. Las verdades necesarias, para Leibniz,

---

[1] Gottfried Wilhelm Leibniz, *Monadología*, traducción de J. Velarde Lombraña, Pentalfa, Oviedo 1981, pp. 101-103.

son por tanto las verdades matemáticas, geométricas. Este tipo de verdad, que descubrimos por la sola razón, puede ser reconducido mediante el análisis a verdades más primitivas, es decir, a nociones anteriores y más simples.

33. Hay dos clases de *verdades:* Las de *Razón* y las de *Hecho*. Las verdades de Razón son necesarias y su opuesto es imposible; y las de hecho son contingentes y su opuesto es posible. Cuando una verdad es necesaria, se puede hallar su razón por medio del análisis, resolviéndola en ideas y verdades más simples hasta llegar a las primitivas.

34. Es de este modo como, entre los matemáticos, los *Teoremas* de especulación y los *Cánones* de práctica son reducidos por medio del Análisis a las Definiciones, Axiomas y Postulados.

35. Y se dan, finalmente, ideas simples, de las que no cabe dar definición. También hay Axiomas y Postulados o, en una palabra, *principios primitivos,* que no pueden probarse ni necesitan prueba; son éstos las *Enunciaciones idénticas,* cuyo opuesto encierra una contradicción expresa[2].

En definitiva, lo que rige las verdades de razón es únicamente el principio de no contradicción, mientras que lo que rige las verdades de hecho es el principio de razón suficiente. Esta razón se encuentra, de hecho, también en las verdades contingentes, en el orden de las cosas dispersas por el universo —dice Leibniz—, cuya descomposición podría llegar a un fraccionamiento sin límites. También la verdad de hecho, por tanto, debe poder reconducirse a algo primitivo, a algo anterior. Y si esa verdad de hecho no es necesaria, debe, en todo caso, tener una razón. Por ejemplo, podemos afirmar —si así ocurre— que hoy hace más frío que ayer: esta es una verdad de hecho, no necesaria; pero si es así, debe haber una razón, que podría ser, por ejemplo, la llegada de una perturbación desde algún lugar, que haya generado de hecho esta situación. Esta razón anterior, para ser suficiente, debe ser capaz de explicar adecuadamente —de manera precisamente «suficiente»— el hecho que se ha producido.

---

[2]   Ib., pp. 103-105.

Las razones suficientes de las verdades de hecho, dentro del universo —el cual contiene una infinidad de cosas—, son asimismo infinitas. Hay, en efecto, infinitos movimientos pasados y finitos que intervienen como causas de todo cuanto sucede en el presente. Sin embargo, esta vía no permite avanzar en absoluto: es necesario que la razón suficiente no se halle dentro de la cadena de lo contingente. Aquí Leibniz da un paso decisivo respecto de las elaboraciones escolásticas sobre la imposibilidad de las series infinitas: él sostiene, en efecto, que una serie infinita puede ser admitida, pero dado que siempre estará compuesta por verdades contingentes —es decir, por verdades de hecho—, jamás será suficiente para explicar una verdad de hecho. La verdadera razón suficiente, por tanto, no puede ser contingente; para encontrarla, es necesario salir de la cadena de las contingencias, lo cual es posible incluso si dicha cadena es infinita. Puesto que la razón última de las cosas debe ser necesaria, esta, según Leibniz, no puede ser otra que Dios. En sus propias palabras, en el parágrafo 39: «Ahora bien, al ser esta sustancia una razón suficiente de todo ese pormenor que, a su vez, está totalmente entrelazado, *no hay más que un Dios y este Dios basta*».

Y aquí está el texto.

36. Pero la *razón suficiente* tiene que aparecer también *en las verdades contingentes o de hecho*, esto es, en la serie de las cosas esparcidas por el universo de las criaturas, en donde la resolución en razones particulares podría descender hasta un pormenor sin límites, a causa de la inmensa variedad de las cosas de la Naturaleza y de la división de los cuerpos al infinito. Hay una infinidad de figuras y de movimientos, presentes y pasados, que entran en la causa eficiente de mi escritura actual; y hay una infinidad de ligeras inclinaciones y disposiciones de mi alma, tanto presentes como pasadas, que entran en la causa final.

37. Y como todo este *pormenor* no contiene sino otros contingentes anteriores o más pormenorizados, cada uno de los cuales requiere asimismo, para dar razón de él, un Análisis similar, no hemos

avanzado nada. Es preciso, pues, que la razón suficiente o última se encuentre fuera de la sucesión o serie de este pormenor de contingencias, por infinito que pudiera ser.

38. Por eso, la razón última de las cosas debe encontrarse en una sustancia necesaria, en la que el pormenor de los cambios no exista sino eminentemente, como en su origen. Y esto es lo que llamamos *Dios*[3].

Esta argumentación, en su conjunto, representa un notable avance respecto de las formulaciones escolásticas, ya que elude las críticas —formuladas también por pensadores contemporáneos como Geach y Kenny— dirigidas a Tomás por su rechazo de las series causales infinitas. Leibniz, en efecto, concede a estos críticos la posibilidad de una serie infinita; pero objeta que, al estar compuesta enteramente por verdades contingentes —es decir, de hecho—, tal serie nunca podrá ofrecer una explicación de ningún hecho. De este modo, corrige y al mismo tiempo rehabilita aquellas vías tomistas que se basan en la imposibilidad de remontarse al infinito en la cadena de las causas.

Se reconoce generalmente que, con esta prueba, Leibniz dio un verdadero paso adelante respecto de las pruebas de Tomás y de Descartes. Mientras que Descartes —más influido por Anselmo— partía de ideas puras, Leibniz se apoyaba, en cambio, en las verdades de hecho, en línea con la tradición tomista. Como gran matemático que fue, no negó la posibilidad de una serie infinita; pero sostuvo que, en el seno mismo de las contingencias infinitas, no es posible hallar la razón suficiente, es decir, la explicación última del todo.

---

[3]   Ib., pp. 105-107.

VI. HUME

David Hume, filósofo escocés del siglo XVIII, dirigió sus críticas tanto contra las pruebas de Descartes como contra las de Leibniz. Es considerado la expresión más «extrema» del llamado empirismo inglés, corriente de la filosofía moderna que se remonta a John Locke y que sostiene que la única fuente del conocimiento humano son los sentidos. Esta posición se oponía frontalmente al racionalismo de Descartes y Leibniz, para quienes la razón es la fuente del conocimiento humano. Hume llevó el empirismo a sus últimas consecuencias: a su juicio, la única fuente de certeza que poseemos son las impresiones, es decir, las sensaciones. Para Hume, aunque estemos en una gran sala llena de gente, en realidad no hay personas delante de nosotros, sino únicamente impresiones de esas personas, ya que basta, por ejemplo, con cerrar los ojos para dejar de verlas. Según su perspectiva, no podemos afirmar nada que vaya más allá de lo que nos proporcionan nuestras impresiones; ni siquiera tenemos certeza de nuestra existencia como sujetos, como sustancias —la *res cogitans* de la que hablaba Descartes—. Incluso respecto de nuestra vida interior, lo único que encontramos son impresiones, provenientes tanto del exterior como del interior.

A la luz del hecho de que solo existen impresiones, Hume descarta por completo las pruebas de la existencia de Dios y sus argumentaciones, ya que estas —sobre todo las de la escolástica, retomadas por Leibniz— se basan en la idea de causa, que él considera infundada. Todo hecho, todo efecto, para Leibniz como para sus predecesores, debe tener una causa; en las demostraciones que hemos examinado, Dios aparece siempre como la causa última de todo. Pero para Hume, la idea de causa carece de todo fundamento, ya que no tenemos ninguna experiencia de la causa, es decir, del nexo que conecta una presunta causa con un presunto efecto. Y de aquello de lo que no tenemos experiencia sensorial, tampoco podemos —según él— tener conocimiento. Cuando afirmamos que el hecho A es causa del hecho B, en realidad —según Hume— solo tenemos la impresión de que el hecho A ocurre antes que el hecho B. El hecho de que, tras A se produzca B es justamente eso: un hecho, no un nexo causal. Asistimos, pues, a una sucesión temporal, que solo nuestra costumbre nos induce a interpretar como una sucesión causal. Pero del nexo causa-efecto no tenemos ninguna impresión, ninguna experiencia. Solo vemos el hecho A y el hecho B; no vemos ni el proceso ni el vínculo que los une. Por eso, sostiene Hume, la idea de causa carece por completo de todo fundamento. Es decir, no es más que una creencia, una fe[1]. Y si esto es así, es evidente que todas las pruebas de la existencia de Dios se desvanecen.

Sin embargo, Leibniz había utilizado dos argumentos importantes que Hume no tuvo suficientemente en cuenta: a) la serie puede ser infinita, pero aun así se requiere una razón suficiente para que haya una explicación; b) todo hecho tiene su razón, la conozcamos o no. En suma, si hay un hecho, debe haber también una razón suficiente para ese hecho. Leibniz no pretendía demostrar la existencia de un nexo causal, sino que sostenía —con razón— que todo hecho tiene de todos modos una explicación y, por tanto, en última instancia, una causa. Cuando Hume critica el principio de

---

[1]   David Hume, *Tratado de la naturaleza humana,* traducción de F. Duque, Tecnos, Madrid 1992, pp. 131-138.

causalidad, tiene en mente la causalidad de tipo mecánico descrita por la física; toda la cultura del siglo XVIII, especialmente en Inglaterra, estaba de hecho dominada por la física de Newton, centrada en la relación entre causas y efectos. Hume tiene, por tanto, razón al afirmar que no percibimos con los sentidos ni con la experiencia los nexos causales descritos por la mecánica newtoniana. Sin embargo, Leibniz pretendía decir algo distinto: que, si hay un hecho, también debe haber una explicación, la cual puede ser a su vez un simple hecho, lo que no excluye que sea también una causa.

Cabe, en este sentido, plantear una crítica a la crítica de Hume: puede objetarse que universaliza un caso particular, a saber, el del nexo causal tal como lo concibe la mecánica newtoniana. Pensemos, en efecto, en los ejemplos que utiliza en el *Tratado de la naturaleza humana* o en las *Investigaciones sobre el entendimiento humano;* estos ejemplos, muy conocidos, consisten en los choques entre bolas de billar, es decir, en el impacto entre cuerpos en movimiento. Es precisamente por eso que no encuentra nexos, sino únicamente eventos «conjuntos», «contiguos», sin, en efecto, ningún nexo de causalidad.

Sin embargo, esta no es la crítica adecuada que debe dirigirse al principio de razón suficiente; ni siquiera Hume, en realidad, logra desmantelarlo, ya que él mismo lo utiliza, por ejemplo, en el *Tratado de la naturaleza humana*. He aquí, de hecho, sus palabras: «¿Por qué razón afirmamos que es *necesario* que toda cosa cuya existencia tiene un principio deba tener también una causa?». Si se reflexiona con atención, el simple hecho de que se pregunte «por qué razón» permite comprender que incluso Hume, en el fondo, presupone que debe haber una razón suficiente para el hecho de que creamos en la idea de causa. Toda cosa que sucede tiene, en efecto, un porqué, lo conozcamos o no. Renunciar a buscar una razón equivale a renunciar al conocimiento, a la ciencia, a la filosofía, porque conocer significa siempre buscar el porqué. Quien no lo hace puede vivir perfectamente, pero debe saber que no está haciendo ciencia ni filosofía. Y esta es una enseñanza que proviene claramente de Aristóteles. Por tanto, también la refutación de las demostraciones tradicionales de la existencia de Dios es, a su vez, refutable.

VII. KANT

Immanuel Kant fue, por así decirlo, la cumbre del Iluminismo filosófico, además de autor de una crítica profunda y sistemática a toda la filosofía moderna que lo precedió. Conocía poco la filosofía antigua y medieval; fue profesor de Lógica y Metafísica en la universidad prusiana de Königsberg, actualmente situada en territorio de la Federación Rusa. Kant comenzó a escribir profundamente impresionado por los logros alcanzados por la ciencia matemática y física de su tiempo, en particular por la obra de Newton, a quien admiraba profundamente. Consideraba que la ciencia newtoniana constituía «la ciencia», cuyo valor nadie debía poner en cuestión. Al comparar la ciencia con la filosofía, Kant tuvo la impresión de que los científicos alcanzan consensos estables, mientras que los filósofos —especialmente los metafísicos— rara vez coinciden, hasta el punto de afirmar, como es sabido, que la metafísica es «un campo de batallas sin fin».

Para Kant, la metafísica no es una ciencia como las matemáticas y la física, y hacia ella fue extremadamente crítico. No ocurrió lo mismo con respecto a estas dos últimas, que consideró desde el inicio como formas de conocimiento verdadero.

La crítica de Kant al estatuto cognoscitivo de la metafísica fue acertada en muchos aspectos; de hecho, si cabe formularle un reproche, no sería el de haber sido demasiado crítico con la metafísica, sino haberlo sido demasiado poco con las ciencias, es decir, con las matemáticas y la física. En su obra maestra, *Crítica de la razón pura*, Kant sostiene que hay dos motivos por los cuales las matemáticas y la física deben ser consideradas verdaderas ciencias: 1) porque derivan sus conocimientos de la experiencia; 2) porque organizan esos conocimientos mediante categorías que no proceden de la experiencia, sino que son *a priori,* es decir, constitutivas de la razón humana y dotadas de validez universal y necesaria. Kant pensaba que, en todo lugar y tiempo, la razón humana está constituida de igual modo, gracias precisamente a ese conjunto de conceptos *a priori* que son las categorías. La experiencia aporta los contenidos, es decir, las informaciones particulares, mientras que la razón los unifica, transformándolos en leyes universales y necesarias.

Una vez establecido esto, en la tercera y última parte de la *Crítica de la razón pura,* es decir, en la Dialéctica trascendental, Kant se pregunta si la metafísica puede considerarse una verdadera ciencia. El procedimiento que adopta para resolver esta cuestión es coherente con el que ha seguido en las dos partes precedentes, es decir, en la Estética y en la Analítica trascendentales: se pregunta, en efecto, si la metafísica satisface también las dos condiciones que definen a las ciencias auténticas, como las matemáticas y la física. Al constatar que no se cumplen estas condiciones, Kant concluye que la metafísica no es ciencia, precisamente porque se distingue de las ciencias verdaderas.

Conviene, sin embargo, examinar en qué consiste esta diferencia. También la metafísica, en efecto, se sirve de conceptos *a priori,* constitutivos de la razón humana; la diferencia estriba, sin embargo, en que no puede aplicar dichos conceptos a la experiencia. Los objetos de los que se ocupa la metafísica son, en efecto, el alma, el mundo entendido como cosa en sí (es decir, como lo que está más allá de lo que aparece) y, por último, Dios, de quien tampoco tenemos experiencia. De estos tres objetos metafísicos poseemos, según Kant, tres ideas *a priori;* sin embargo, la metafísica no puede referir estas ideas a la experiencia, razón por la cual concluye que no puede considerarse una ciencia.

Aun dejando de lado muchas otras consideraciones que podrían hacerse sobre Kant, extraigamos, no obstante, el punto esencial de nuestro argumento: si la metafísica no es una ciencia, entonces las pruebas metafísicas de la existencia de Dios no pueden considerarse verdaderas pruebas, es decir, no deben tenerse por válidas. La operación de crítica definitiva que lleva a cabo Kant consiste, en efecto, en reducir las diversas pruebas históricamente formuladas a tres: a) la prueba que parte de una idea de la razón (Anselmo, Descartes), que Kant denomina «argumento ontológico», basada en la idea de Dios como ser; b) la prueba que parte de la experiencia del mundo, caracterizado por el devenir, llamada por Kant «argumento cosmológico»; c) la prueba que parte de la constatación de que en el mundo hay un orden, es decir, una tendencia de todas las cosas hacia un fin, que Kant denomina «argumento físico-teológico» o también teleológico, esto es, finalista.

A cada una de ellas, Kant dirige objeciones precisas:

I. Contra el argumento ontológico, Kant sostiene que el concepto de un ser absolutamente necesario es un concepto puro de la razón, nada más que una idea sin referente. De él sabemos que, si tal ser existiera, debería ser necesario; pero respecto de su existencia no sabemos nada[1].

II. En relación con el argumento cosmológico, Kant observa ante todo que el fundamento invocado como principio de lo contingente se entiende como causa. Sin embargo, objeta Kant, la causa es una categoría *a priori* del entendimiento, no un ente real, y

---

[1]   Immanuel Kant, *Crítica de la razón pura,* traducción de P. Ribas, Alfaguara, Madrid 1998, A592-A602/B620-B630, pp. 500-506.

solo puede utilizarse en relación con aquello de lo que tenemos experiencia, y no con lo que trasciende la experiencia. Por lo tanto, la prueba cosmológica no demuestra nada[2].

III. Frente al argumento físico-teológico, Kant objeta que la certeza apodíctica que se le atribuye no está justificada, ya que el hecho de advertir un orden en el mundo se basa únicamente en una analogía con la técnica humana, no en una prueba. Además —añade—, incluso si tuviera valor como prueba, este argumento no demostraría la existencia de un creador, sino tan solo la de un ente ordenador[3].

La crítica al argumento ontológico —es decir, a la demostración de Anselmo reformulada al modo de Descartes—está magistralmente formulada en la *Crítica de la razón pura,* donde Kant sostiene que el concepto de un ser absolutamente necesario es un concepto puro de la razón, esto es, una simple idea cuya realidad está muy lejos de quedar demostrada por el solo hecho de que la razón la necesite. Con dicha idea sabemos que Dios, si existe, es un ente necesario; pero esto solo vale en el caso de que exista. En resumen, ni siquiera poseyendo el concepto más elaborado de Dios puede saberse si Dios existe realmente: esta es la demostración más clara de la «circularidad» expositiva de los argumentos de Anselmo y Descartes. Es célebre al respecto el ejemplo que Kant propuso con los cien táleros, destinado a mostrar cómo una idea puede contener una serie de determinaciones acerca del objeto del que es idea, pero sin que entre esas determinaciones se encuentre, en modo alguno, la existencia. Kant afirma, con cierta ironía, que «cien táleros reales no poseen en absoluto mayor contenido que cien táleros posibles», es decir, meramente pensados. «Sin embargo —añade—, desde el punto de vista de mi situación financiera,

---

[2]   Ib., A603-A614/B631-642, pp. 506-513.

[3]   Ib., A620-A630/B648-658, pp. 517-523.

cien táleros reales son más que cien táleros en el mero concepto de los mismos». Este ejemplo será, como es sabido, objeto de burla por parte de Hegel, quien comentaría que la fortuna de Kant fue haber hablado de táleros, un tema por el que los hombres eran —incluso entonces— particularmente sensibles.

La crítica al argumento cosmológico —es decir, aquel que parte de la experiencia— se basa en el hecho de que dicho argumento postula la necesidad de un principio que esté libre de las imperfecciones propias de la experiencia. La prueba cosmológica conduce a Dios en cuanto se considera que Él debe actuar como causa del mundo de la experiencia. Kant se detiene especialmente en el concepto de causa, sobre el cual se fundamenta toda la ciencia de la naturaleza, como resulta evidente en toda la obra de Newton. Kant tenía una confianza absoluta en la física newtoniana, pero, tras leer a Hume, comprendió que las críticas dirigidas contra la idea de causa debían tomarse en serio. Coincidía con Hume en que los seres humanos no tienen experiencia del nexo causal, pero no por ello deducía que el concepto de causa carezca de valor. Para salvar la física de la crítica de Hume, Kant sostuvo que la idea de causa no proviene de la experiencia, precisamente porque ya está presente en la razón: es una de las categorías universales y necesarias que hacen posible la ciencia propiamente dicha. La idea de causa es, por tanto, un *a priori*, y por ello sigue siendo válida.

Se pensaría, entonces, que Kant también salva la prueba cosmológica, fundada en la idea de causa; sin embargo, no es así. En física, la idea de causa se aplica a la experiencia, pero en metafísica la causa —es decir, Dios— se refiere a algo de lo que no tenemos experiencia, por lo que no podemos emplear la categoría de causa para demostrar su existencia. En otras palabras, no es posible usar la categoría de causa para trascender la experiencia.

Por último, la crítica al argumento físico-teológico parte del orden que reina en el universo, que efectivamente hace pensar en una inteligencia presente y operante en el mundo. No obstante, aunque Kant reconoce que esta es la prueba más antigua, la más clara y la más acorde con la razón común, afirma claramente que no por ello se pueden aceptar sus pretensiones de necesidad apodíctica. Se suele contar una anécdota al respecto: en un colegio de Cambridge, el reverendo William Paley solía afirmar que, si uno encuentra en el suelo un bonito reloj que funciona, lo natural es pensar que ha sido fabricado por un artífice inteligente; con mayor razón, añadía, deberíamos pensar lo mismo del mundo. Sin embargo, para Kant, esto no es más que una analogía. La comparación con el artífice es legítima en la medida en que surge espontáneamente en la razón —como ya ocurría, por ejemplo, en Platón con la figura del demiurgo inspirada en la técnica humana—, pero no pasa de ser eso: ¡una semejanza, no una prueba! Y aun si lo fuera, señala Kant, como mucho podría demostrar la existencia de un «ordenador del mundo», condicionado por la materia que ordena, pero no la existencia de un «creador del mundo».

Las tres críticas de Kant se encuentran en todos los manuales y, a causa de ellas, en la filosofía europea, desde Kant en adelante, se ha dado por cerrado el debate sobre las pruebas de la existencia de Dios. Kant habría demostrado, en suma, que todos los modos de probar la existencia de Dios son susceptibles de crítica. Ya se parta de la idea o de la experiencia, siempre se acaba incurriendo en error. Sin embargo, para aceptar como definitivas las críticas de Kant, sería necesario aceptar como definitiva toda su filosofía, o al menos su tesis principal: que todo discurso que no se formule del mismo modo que la física y las matemáticas no constituye una ciencia.

Hoy, como se ha mencionado, ya no se atribuye un valor absoluto a la cientificidad de la física y las matemáticas; hoy en día, los propios físicos y matemáticos reconocen que formulan sus teorías «por hipótesis». Pensemos en el caso de la astronomía: el geocentrismo se mantuvo vigente desde los antiguos presocráticos no solo hasta Copérnico y Galileo, sino incluso más allá, ya que solo en el siglo XIX se hallaron pruebas de su invalidez (el péndulo de Foucault, la paralaje estelar). Incluso hoy, en navegación, las posiciones de las estrellas calculadas según la astronomía tolemaica siguen siendo funcionales. La astronomía copernicana supuso un paso adelante, pero, si lo pensamos bien, también situar al Sol en el centro del universo es una hipótesis inexacta, ya que el universo está formado por infinitas galaxias y el Sol no es más que una entre millones de estrellas.

Digo esto porque Kant tuvo, especialmente en Italia, una enorme fortuna, gracias sobre todo al historicismo de Croce y Gentile. En cambio, en Inglaterra y en América del Norte, la influencia de Kant y de la filosofía alemana fue menor, y ese menor impacto del historicismo resultó ser algo positivo. Con todo, también Kant recibió críticas, siendo las más importantes las formuladas por Hegel. A la pregunta de si es posible seguir haciendo metafísica después de Kant, puede responderse sin duda de forma afirmativa; pero también debe afirmarse, con la misma seguridad, que esa metafísica debe hacerse de un modo distinto al de las ciencias naturales, porque no existe un único paradigma de ciencia. Los propios científicos, de hecho, consideran que las verdades de la matemática y de la física no son universales ni necesarias, sino investigaciones cuyos resultados son provisionales, susceptibles de ser modificados, completados o incluso refutados. La cuestión que se plantea aquí es de carácter epistemológico: ¿cuál es el estatuto epistemológico de la metafísica? ¿Cuál es su grado de cientificidad? ¿A qué tipo de controles puede someterse? Kant mostró la necesidad de que la metafísica se rija por reglas, ya que también ella debe poseer su propia lógica. Hoy, en cambio, se observa en algunos una tendencia a decir que todo vale, que cualquier discurso metafísico puede ser aceptado, siempre que, por supuesto, se lo considere de valor relativo.

VIII. HEGEL

Hegel fue el máximo exponente del idealismo alemán y, tanto en la *Lógica* como en la *Enciclopedia* y otras obras, se refiere de forma constante a las pruebas de la existencia de Dios. En los últimos años de su vida, cuando ejercía como profesor y rector en la Universidad de Berlín —seguido por oyentes de todo el mundo—, dedicó un curso completo a las *Lecciones sobre las pruebas de la existencia de Dios*. En este curso, Hegel critica las objeciones formuladas por Kant contra dichas pruebas; es decir, las revaloriza, aunque advierte que deben ser reelaboradas más en su forma que en su contenido, ya que presentan una estructura excesivamente intelectualista: los conceptos aparecen demasiado separados unos de otros, en lugar de estar conectados entre sí, lo cual constituye precisamente la tarea que él atribuye a la razón[1].

Sin embargo, para comprender adecuadamente la filosofía de Hegel, es necesario plantearse ante todo una pregunta fundamental: ¿qué es el idealismo? Pues bien, se trata de una corriente filosófica que, en cierto sentido, surge también como respuesta a la crítica de Kant, según la cual la metafísica no constituiría una ciencia, ya que su objeto no sería cognoscible, sino únicamente

---

[1]   Cf. Georg W. F. Hegel, *Lecciones sobre las pruebas de la existencia de Dios,* traducción de G. Amengual, Sígueme, Salamanca 2014, p. 149.

pensable. Este es precisamente el significado del término griego *noúmeno:* algo cuya existencia se admite, pero que no puede ser conocido. Kant afirmaba que el noúmeno, al que también llamaba «cosa en sí», debía existir, ya que era la causa del fenómeno; sin embargo, al sostener esto, recurría a la categoría de causa más allá de la experiencia, incurriendo así en el mismo error que él mismo atribuía a la prueba cosmológica. Y Hegel se dio cuenta de ello.

Los filósofos que sucedieron a Kant, como Fichte y Schelling, compartieron con él la tesis de que la cosa en sí no puede conocerse, pero dieron un paso más al afirmar que, precisamente por eso, no existe, es decir, que ni siquiera puede pensarse. Para el idealismo, solo existen nuestro pensamiento y aquello de lo que tenemos experiencia: nuestro mundo, que es puesto por el pensamiento mismo. En la filosofía de Hegel, como es sabido, la Idea, la Naturaleza y el Espíritu constituyen los tres grandes momentos de un único proceso, cuyo verdadero protagonista es el pensamiento.

¿Pero de qué pensamiento se trata? ¿Humano o divino? Para Hegel, esta distinción carece de sentido, porque el pensamiento es pensamiento, y el pensamiento es el ser: no existe ningún ser que no sea puesto por el pensamiento. Una prueba ontológica como la de Anselmo, que deriva el ser de Dios a partir de su idea, era para Hegel —a diferencia del Kant de los cien táleros— una prueba plenamente válida: si el ser es pensado por el pensamiento, entonces el hecho de que pensemos a Dios constituye ya la prueba de su existencia.

También las demás pruebas clásicas de la existencia de Dios, rechazadas por Kant, son consideradas válidas por Hegel, aunque en menor medida, ya que no parten del pensamiento sino de la experiencia. Cuando Kant sostiene que el pensamiento no debe ir más allá de la experiencia, Hegel lo critica: el pensamiento, por su propia naturaleza, es precisamente aquello que trasciende la experiencia; de lo contrario, se reduciría a impresión, sensación, pero no sería pensamiento. El pensamiento es, para Hegel, una suerte de «dios inmanente»: absolutiza el pensamiento humano, y esta será, precisamente, la crítica que le dirigirán los no idealistas.

Hegel estaba convencido de que su filosofía era la única verdaderamente cristiana, y sostenía que el cristianismo era la única religión «verdadera», en cuanto había superado a todas las demás. Su filosofía representaba, en su propia visión, la superación del cristianismo (considerado como la versión popular, apta para los no filósofos, de la verdadera filosofía, que era precisamente la de Hegel). Por ello, muchos cristianos no se reconocen fácilmente en la filosofía de Hegel, aunque en su tiempo esto aún no resultaba del todo evidente. Él no concebía su filosofía como una crítica al cristianismo, sino, por el contrario, como una forma de prestarle un buen servicio. Toda la llamada derecha hegeliana compartía esta interpretación: consideraba que la filosofía hegeliana era la verdadera filosofía cristiana. La izquierda hegeliana, en cambio —y en particular Feuerbach—, sostenía que la filosofía de Hegel implicaba la negación del cristianismo. Hegel, sin embargo, no rechazaba nada del cristianismo: lo integraba todo en su filosofía, hasta el punto de aceptar incluso la revelación. Para él, la religión se expresaba en formas aún no conceptuales, propias del nivel de la representación, es decir, del modo de pensar del pueblo. No todos los creyentes son filósofos; pero el filósofo, en cambio, debe elevarse al concepto. También la revelación, en esta perspectiva, se transforma en símbolo de la verdad de la filosofía.

Hegel, que era de confesión luterana, estudió teología en la Universidad de Tubinga. También por ello, probablemente, toda su filosofía insiste de manera particular en los conceptos de salvación y redención. En el Edén, antes del pecado, reinaba —según Hegel— la inocencia, es decir, la unidad entre Dios y el hombre. Luego, con el pecado, el ser humano se separó de Dios; pero el pecado le trajo la redención, la cual implicó la reconciliación con Dios y, por tanto, la creación de una nueva unidad que vale mucho más que la inocencia inicial. El pecado original es también, para la

Iglesia católica, una *felix culpa:* incluso el mal ocurre con vistas a un bien mayor. Lo mismo vale, para Hegel, respecto al error, que contribuye al logro de una verdad más plena. En este sentido, toda la historia de la filosofía es para él una preparación para su propia filosofía: todas las filosofías anteriores, aunque erróneas, es decir, parciales, han aportado una contribución a esta última.

Según Hegel, en las pruebas de la existencia de Dios se expresa la elevación del espíritu humano hacia Dios, por lo que todas ellas son, en principio, válidas. No obstante, esta elevación no debe concebirse como inmediata, sino como mediada: las pruebas implican un razonamiento, no un saber inmediato, como sostenía Jacobi. Este último concebía la fe como una especie de «pistoletazo» —una intuición inmediata, espontánea—, pero Hegel lo criticaba, del mismo modo que criticaba a Schleiermacher, quien fue su colega en Berlín durante los mismos años. Hegel ridiculizaba a este último ante sus estudiantes, censurando su romanticismo y su idea de que la religión es un sentimiento de dependencia respecto de Dios. Ante ello, Hegel observaba que, si la religión consistiera en un sentimiento de dependencia, el animal más religioso del mundo sería el perro, por ser el que más siente la dependencia respecto de su amo.

Para Hegel, la religión no es intuición, sino pensamiento: un saber mediado que recorre un proceso, un camino compuesto de momentos sucesivos. Por eso las pruebas de la existencia de Dios son necesarias, y entre ellas destaca especialmente la prueba ontológica, que —según su terminología— parte «de lo infinito», es decir, del concepto de Dios, y no «de lo finito», como ocurre en las demás, que se apoyan en la experiencia. Mientras Dios permanece como mero contenido mental, es un concepto finito; pero esta finitud se supera en el momento en que se demuestra su existencia en la realidad, como pretende precisamente la prueba ontológica². Las demás pruebas son defectuosas solo en la forma porque, al partir del mundo finito y querer mostrar la necesidad de lo infinito, condicionan lo infinito a lo finito, es decir, condicionan a Dios al mundo, lo incondicionado a lo condicionado. Sin embargo, son válidas en cuanto al contenido, porque, para Hegel, la existencia de Dios constituye una verdad que debe ser reconocida por la razón³.

Según Hegel, Kant tenía un defecto: mostraba «demasiada ternura» hacia el mundo, al que quería preservar de la contradicción. Para Hegel, en cambio, el mundo está lleno de contradicciones, que son reales en lo finito; solo lo infinito, a diferencia de lo afirmado por Aristóteles y por el propio Kant, está libre de contradicción. Superar las contradicciones significa, para Hegel, superar lo finito, ya que el ser verdadero es el pensamiento. En esto se acerca a Platón, para quien el ser auténtico reside en el mundo de las Ideas, mientras que nuestro mundo se encuentra a medio camino entre el ser y la nada. Hegel se consideraba, de hecho, continuador de Platón. El mundo, según él, es contradictorio y debe ser dejado en sus contradicciones: no es la existencia de Dios lo que debe demostrarse, ya que esta constituye la verdad fundamental; lo que, en todo caso, hay que demostrar es la existencia del mundo. El concepto de Dios, para Hegel, no es solo subjetivo, sino también objetivo; por ello, Dios existe también en la realidad⁴.

Resulta especialmente interesante considerar la crítica que Hegel dirige, en varias de sus obras, al argumento kantiano de los cien táleros. En la *Enciclopedia*, Hegel afirma que «los cien táleros» no constituyen en absoluto un concepto filosófico, pues el único concepto verdaderamente filosófico es el de lo infinito, es decir, el de Dios. En otras palabras, Hegel intenta hacer con Kant

---

²   Cf. Ib., pp. 242-243.
³   Cf. Ib., pp. 205-210.
⁴   Cf. Ib., p. 217.

lo que Anselmo de Canterbury hizo con Gaunilón. Así, rehabilita las pruebas tradicionales dentro de una filosofía que, no obstante, presupone la aceptación plena del idealismo; una aceptación que, en muchos aspectos, resulta discutible.

IX. LA FILOSOFÍA ITALIANA DEL SIGLO XX

En Italia, el debate en torno a las pruebas de la existencia de Dios tuvo como principal protagonista a la corriente filosófica de inspiración aristotélico-tomista conocida como neoescolástica, vinculada en particular al ámbito cultural de la Universidad Católica de Milán. Los distintos representantes de la Escuela de Milán no se limitaron a una mera reexposición de las cinco vías tomistas, sino que contribuyeron activamente a su desarrollo y profundización. Esto favoreció el diálogo con otros círculos filosóficos, como, por ejemplo, la Escuela de Padua.

La fase más interesante del debate italiano sobre las pruebas de la existencia de Dios, en el ámbito de la Universidad Católica de Milán, comenzó en las décadas de 1950 y 1960, con el acceso a la cátedra de Sofia Vanni Rovighi y Gustavo Bontadini. Ambos fueron discípulos de Mons. Amato Masnovo, la mente más teórica de la Universidad Católica desde su fundación por Agostino Gemelli en 1922. Masnovo elaboró una interpretación personal de la filosofía de Tomás de Aquino, teniendo en cuenta las objeciones planteadas tanto por la filosofía moderna de Hume y Kant, como por la filosofía contemporánea. Sobre esta base, Vanni Rovighi comenzó en los años 40 la redacción de sus *Elementi di filosofia,* obra estructurada en varios volúmenes (lógica, metafísica, etc.), cuya primera edición apareció en 1941 y que conoció numerosas reimpresiones[1]. La estudiosa sostenía dos tesis:

1) que las cinco vías tomistas parten todas de un principio general, a saber, que la realidad es no contradictoria, en la medida en que está regida por el principio de no contradicción;

2) que el mundo de la experiencia, si fuese toda la realidad, sería contradictorio, lo cual, desde el punto de vista racional, es imposible.

Sobre la base de estas dos proposiciones, se deduce que la realidad accesible a la experiencia no agota la totalidad de lo real; dicho de otro modo, debe existir algo de lo cual no tenemos experiencia y que todos llaman Dios. Se trata aquí de un intento de esencialización de las pruebas de la existencia de Dios, orientado a conferirles mayor rigor.

Estas pruebas pueden, en efecto, ser formuladas en forma de silogismo. La primera premisa de tal silogismo afirma, en sustancia, el principio de no contradicción, que para Vanni Rovighi constituía el principio primero. La segunda premisa afirma la contingencia del mundo de la experiencia, cuya absolutización conduciría a una contradicción. La conclusión es que el mundo de la experiencia no puede ser absoluto, es decir, no puede constituir la totalidad de la realidad, sino que requiere necesariamente un principio trascendente, que es Dios, según el razonamiento desarrollado por Tomás de Aquino.

Paralelamente, Gustavo Bontadini iba desarrollando su propio recorrido, más extenso que el de Vanni Rovighi, quien, retomando el pensamiento de Masnovo, se inscribía directamente en la tradición del tomismo. Bontadini, en cambio, partía del problema del conocimiento y recuperaba elementos de la filosofía moderna y contemporánea, confrontándose con la oposición entre

---

[1]   Sofia Vanni Rovighi, *Elementi di filosofia. II. Metafisica,* Scholé, Brescia [11]2013.

sujeto cognoscente y objeto conocido. Este dualismo le parecía inaceptable, hasta el punto de asumir como propia la solución definitiva que —a su juicio— había sido aportada por el idealismo, en particular por Giovanni Gentile, quien sostenía que no puede existir una realidad fuera del pensamiento. El pensamiento era como el horizonte: no se puede salir de él, porque el horizonte siempre nos acompaña. Esto no significa, por supuesto, que seamos nosotros quienes producimos la realidad ni que seamos el pensamiento absoluto. Simplemente, con ello, para Bontadini, se resuelve el problema del conocimiento: conocemos la realidad porque esta se encuentra dentro de nuestro pensamiento.

El mundo de la experiencia, en el que vivimos, tampoco representa para Bontadini la totalidad de lo real; en otras palabras, no constituye el todo. En este punto, su pensamiento coincide con el de Vanni Rovighi. En su obra *Dal problematicismo alla metafisica*[2], publicada en 1953, Bontadini resumía su tesis en las siguientes dos proposiciones:

1) principio de Parménides: el ser no puede no ser;

2) el devenir, del que tenemos experiencia, testimonia en cambio el no ser del ser. La conclusión es clara: si el devenir fuese absoluto, es decir, si el ser estuviera originariamente limitado por el no ser, se incurriría en una contradicción. Por tanto, el devenir no puede ser toda la realidad. Debe existir un Absoluto que no deviene, es decir, Dios.

Ambas formulaciones, tanto la de Vanni Rovighi como la de Bontadini, coinciden en afirmar que, si la experiencia constituyera la totalidad de la realidad, esta sería contradictoria; pero dado que no es admisible la contradicción en la realidad, debe existir un ámbito de la realidad que no es accesible a la experiencia, y que puede identificarse con Dios. El problema, sin embargo —a mi juicio—,

---

[2]   Cf. Gustavo Bontadini, *Dal problematicismo alla metafisica*, Vita e Pensiero, Milano 1996.

reside en la afirmación de la contradicción lógico-ontológica (y no simplemente en el sentido dialéctico hegeliano) de la experiencia. Hasta este punto, en todo caso, ambos planteamientos avanzan en paralelo.

En un cierto momento, sin embargo, se produjo en el pensamiento de Bontadini un «giro». En 1965, la Pontificia Academia de Santo Tomás, con sede en Roma y que reúne a los tomistas de todo el mundo, organizó un congreso internacional sobre el tema *De Deo,* dedicando toda la primera sesión al examen de las pruebas de la existencia de Dios. Cada una de las cinco vías de Tomás fue presentada por un ponente distinto, quien se limitó a defenderla frente a las objeciones de la filosofía moderna y contemporánea, sin aportar elementos nuevos[3]. A dicho congreso asistía también como oyente Anthony Kenny, quien quedó convencido, en esa ocasión, de que tales pruebas —como ya se ha argumentado anteriormente— no se sostienen, iniciando así su propia «crisis» que desarrollaría en sus obras posteriores. Su libro *The Five Ways* apareció en 1969, pocos años después[4].

En ese mismo congreso, Bontadini presentó una ponencia titulada *El aspecto dialéctico de las pruebas de la existencia de Dios,* en la que proponía una nueva formulación de la cuestión, que él mismo definía como «dialéctica» por su evidente cercanía con los procesos de la dialéctica hegeliana: afirmación, negación, síntesis. ¿En qué consistía esta reformulación? Bontadini seguía partiendo del principio de Parménides, es decir, de la tesis según la cual el ser no puede no ser —o, más precisamente, que el ser no admite contradicción—; sin embargo, introducía una modificación en la segunda premisa: afirmaba que el devenir, en cuanto limitación del ser por

---

[3]   Las actas fueron recogidas en: Congressus Thomisticus Internationalis, *De Deo in philosophia. S. Thomae et in hodierna philosophia. Acta 6. Congressus Thomistici Internationalis,* Officium Libri Catholici, Romae 1965–1966.

[4]   Cf. Anthony Kenny, *The Five Ways: Saint Thomas Aquinas' Proofs of God's Existence,* op. cit.

parte del no ser, es en sí mismo contradictorio. La diferencia con su posición anterior es notable: mientras que antes Bontadini sostenía, al igual que Vanni Rovighi, que el devenir sería contradictorio únicamente en el caso de constituir la totalidad de la realidad, ahora afirma con claridad que el devenir es contradictorio en sí mismo, incluso si no agota lo real. Esta contradicción deriva del hecho de que el devenir testimonia el venir al ser desde la nada y el ir del ser hacia la nada. Pero, según el principio de Parménides, la contradicción no puede admitirse; por tanto, debe ser eliminada. Aquí resuena el eco de la dialéctica hegeliana, según la cual la contradicción existe, pero debe ser suprimida, superada *(Aufhebung)*.

Para Bontadini, la contradicción —que, a mi juicio, en realidad no está presente en el devenir— solo puede ser removida mediante la aceptación del llamado «teorema de la creación». Según este teorema, el mundo del devenir, es decir, el mundo de la experiencia, es creado: ha sido producido desde la nada. Pero para admitir tal tesis, es necesario afirmar la existencia de alguien que posea ese poder inaudito de hacer surgir el ser desde la nada —y de aniquilar el ser en la nada—. En este marco, el devenir deja de ser contradictorio. Para Bontadini, este era un argumento de tipo dialéctico, en cuanto partía de un principio positivo (el principio de Parménides), le oponía la contradicción (el devenir), y finalmente lo sintetizaba con el teorema de la creación. Esta es la fase final de su pensamiento, a la que permaneció fiel hasta su muerte.

¿Qué fue lo que provocó este giro en el pensamiento de Bontadini? Fue el resultado del debate con uno de sus alumnos más brillantes, Emanuele Severino, quien en 1964 había publicado en la *Rivista di filosofia neo-scolastica* su célebre artículo titulado «Volver a Parménides».

Sobre el ser que no puede no ser —es decir, sobre el principio de Parménides— ambos filósofos están de acuerdo, así como coinciden en la tesis según la cual el devenir es contradictorio: el ser y la nada no son equivalentes, sino opuestos, precisamente en virtud de dicho principio. También comparten la idea de que una realidad contradictoria no puede admitirse. Sin embargo, Severino se diferencia de Bontadini al sostener que, si el devenir es contradictorio, entonces no existe; de este modo, elimina la contradicción afirmando que todo es ser[5]. Se trataba de una afirmación disruptiva, ya que, según ella, nada deviene, nada cambia; por tanto, todo lo que existe es eterno: ha sido siempre y siempre será, porque es ser, precisamente. Todo es eterno, incluidos nosotros mismos e inclusos los momentos individuales de nuestra vida. Se trataba de una toma de posición verdaderamente revolucionaria, que hacía colapsar toda la metafísica aristotélica y tomista, es decir, la base doctrinal de la filosofía oficial en la Universidad Católica. De hecho, se abrió un proceso en torno a estas tesis, durante el cual una comisión de filósofos y teólogos las analizó y las consideró incompatibles con la fe cristiana, según la cual solo Dios es eterno, y no puede afirmarse, sin incurrir en un panteísmo inaceptable, que todo sea eterno. Para Severino, en efecto, no hay necesidad de redención ni de salvación, ya que todos estamos ya salvados: somos eternos desde siempre y para siempre. Antes la resolución de la comisión, Severino reconoció que la sentencia era justa y, de forma coherente con sus convicciones, abandonó la Universidad Católica —donde ya era profesor— y se trasladó a la Universidad de Venecia, donde, como en todas las universidades estatales, se podía enseñar cualquier filosofía, incluso no católica.

Bontadini no guardó silencio, ya que Severino —que había sido su alumno— había puesto de manifiesto lo que parecía poder ser una posible consecuencia del propio planteamiento bontadiniano. De hecho, las dos primeras premisas del razonamiento de Severino coincidían con las de Bontadini; sin embargo, mientras este

---

[5]   Emanuele Severino, «Ritornare a Parmenide», en *Rivista di filosofia neo-scolastica*, LVI, 2 (1964), pp. 137-175 [tr es. «Volver a Parménides», en Emanuele Severino, *Esencia del nihilismo*, Taurus, Madrid 1991, pp. 47-91].

sostenía que era necesario remover la contradicción recurriendo al teorema de la creación, Severino no compartía tal conclusión y afirmaba que, si el devenir es contradictorio, entonces no debe ser salvado, porque sencillamente no existe. Bontadini respondió con un artículo publicado en la misma revista, titulado —en griego— *Sòzein tà phainòmena*[6], es decir, «salvar lo que aparece», aquello que se manifiesta en la experiencia. Los fenómenos no son, en efecto, una falsa apariencia, sino la manifestación misma de la realidad. El devenir, de hecho, es un dato innegable: no podemos afirmar que no existe. También Aristóteles, en la *Física*, desarrolla esta observación al polemizar precisamente contra Parménides: incluso si el devenir fuera pura apariencia —como sostenía Parménides y como también habría sostenido Severino—, el devenir existiría igualmente, porque la propia apariencia es ya un devenir[7].

Hasta ahora hemos delineado los desarrollos que tuvieron lugar en la escuela de Milán, pero, al mismo tiempo, la «metafísica clásica» —es decir, la recuperación de la metafísica antigua que reivindica su carácter clásico, esto es, su validez permanente— era cultivada también por la llamada escuela de Padua. Marino Gentile, su principal referente, es un filósofo poco conocido, ya que escribía en una época en la que los medios de comunicación estaban poco difundidos, publicaba en editoriales pequeñas y, al enseñar en Padua, no contaba con la oficialidad que sobre este tema tenía la Universidad Católica. Sin embargo, la teoría de Marino Gentile me parece más persuasiva.

Marino Gentile no se formó en la Universidad Católica, sino en la Scuola Normale de Pisa, donde defendió su tesis de perfeccionamiento bajo la dirección de Giovanni Gentile, mucho más

---

[6]   Gustavo Bontadini, «Sòzein tà phainòmena (a Emanuele Severino)», en *Rivista di filosofia neo-scolastica*, LVI, 1964, pp. 439-468. Reimpreso en Gustavo Bontadini, *Conversazioni di metafisica*, Vita e Pensiero, Milano 1971, vol. II, pp. 136-166.

[7]   Cf. Aristóteles, *Física*, VIII, 3, 254a 27-29.

conocido. Su formación se basó principalmente en el estudio de Aristóteles, y en su tesis examinó las razones por las cuales Aristóteles, a pesar de haber sido discípulo de Platón durante veinte años, acabó distanciándose de él. ¿Qué motivó ese distanciamiento? Gentile, a través de estas investigaciones de carácter sobre todo histórico, llegó a mostrar que la causa no fue la elaboración por parte de Aristóteles de un sistema propio concebido como oposición al de Platón, sino más bien su convicción de que el sistema platónico no lograba responder de manera satisfactoria al problema que lo originaba: la búsqueda de los primeros principios, es decir, de las explicaciones últimas del mundo de la experiencia.

Tras haber defendido su tesis en 1930 —publicada posteriormente con el título *La doctrina platónica de las ideas-números y Aristóteles*[8]—, a Marino Gentile se le concedió el título de «libero docente», una figura que hoy ya no existe, pero que en aquel entonces equivalía a una especie de habilitación para la enseñanza universitaria. Gentile registró su habilitación en la Universidad Católica, considerando que era la institución que mejor podía acoger sus cursos libres. Entre estos cursos, en 1935, impartió uno dedicado al libro XII de la *Metafísica* de Aristóteles, aquel en el que se expone la demostración de la existencia del motor inmóvil, y en el cual aparece por primera vez, en el siglo XX, la expresión «metafísica clásica», que será posteriormente adoptada por muchos otros[9].

En los años siguientes, mientras Bontadini partía del idealismo para reabrir el debate sobre la metafísica clásica, Gentile publicaba su primer escrito teórico, *La problematicidad pura* (1939), que

[8] Marino Gentile, *La dottrina platonica delle idee numeri e Aristotele*, introducción de E. Berti, edición a cargo de M. Sgarbi, Aemme edizioni, Verona 2010.

[9] De ese curso conservo los apuntes originales, escritos a mano, en un cuaderno que el propio Marino Gentile, mi maestro, me dejó personalmente.

constituía una nueva formulación de dicha metafísica[10]. Gentile sostenía, en esencia, que la filosofía consiste enteramente en preguntar por el porqué; de hecho, si releemos el inicio de la *Metafísica,* encontramos que «todos los seres humanos desean conocer», y no se conforman con conocer el *qué,* —es decir, el simple hecho derivado de la experiencia—, sino que buscan el *por qué:* la explicación última, el fundamento. La ciencia nace precisamente como interrogación sobre el porqué, como conocimiento de las causas. Cuando ya no nos conformamos con las causas más inmediatas y queremos remontarnos hasta las causas primeras, llegamos a la filosofía, aquella que Aristóteles llamaba *sophia,* sabiduría, filosofía primera, para distinguirla precisamente de las ciencias en general. Es lo que hoy llamamos metafísica, término de origen posterior que el Estagirita nunca utilizó.

¿Qué significa buscar las causas primeras? Significa plantear una pregunta que concierne a la realidad en su totalidad, y no, como hacen las ciencias, únicamente a un ámbito particular. Si buscamos explicaciones no solo de un dominio específico, sino de la realidad entera tal como se ofrece globalmente en la experiencia, llegamos a formular una pregunta que lo abarca todo y que, para ser verdaderamente tal, no debe presuponer nada. Esta actitud, según Gentile, quedaba expresada en las siguientes palabras: «la filosofía es un preguntar por todo que es todo preguntar». Gentile denomina esta actitud «problematicidad pura», en el sentido de que no es sino problema, sin soluciones preconcebidas. Para él, la filosofía primera, desde esta perspectiva, muestra que el mundo de la experiencia es, en su conjunto, problemático; es decir, un único gran problema: algo que no se explica por sí mismo, sino que exige ser explicado.

Uno de sus discípulos, también poco conocido, Romano Bacchin, ha señalado con agudeza que esta actitud de

---

[10]   Marino Gentile, *La problematicità pura,* L. Penada, Padova 1942. Retomado en Marino Gentile, *Filosofia e umanesimo,* La Scuola, Brescia 1946.

problematicidad es, en sí misma, improblematizable, ya que quien intentara ponerla en duda no haría sino reproducirla. Así como para Descartes se puede dudar de todo excepto de la duda misma —porque, si se dudara de la duda, esta se estaría reafirmando—, del mismo modo puede problematizarse todo, es decir, ponerse todo en cuestión, excepto la propia problematicidad. La problematicidad es, por tanto, innegable[11].

Si reconocemos que el mundo de la experiencia es problemático —en cuanto realidad que se ofrece al ser humano que se interroga por la razón de todo, es decir, al filósofo—, tenemos aquí otra vía, distinta de la idealista propuesta por Bontadini, para superar el dualismo característico de la filosofía moderna, que separaba al sujeto del objeto. Sin embargo, hay que tener cuidado de no caer en el problematicismo de Ugo Spirito, filósofo discípulo de Giovanni Gentile y contemporáneo de Bontadini y de Marino Gentile, quien sostenía que toda la realidad se resuelve en el acto del pensamiento, y que este no es más que un problema (eso es, en síntesis, el problematicismo). En cambio, Marino Gentile señaló acertadamente que, si se convierte el problema en la totalidad de la realidad —es decir, si se absolutiza el problema—, entonces ni siquiera el problema sigue siéndolo, sino que se transforma en la solución misma. Si, en efecto, solo existe el problema y nada más, eso significa que la realidad se explica por sí misma y no requiere de ninguna otra cosa. Para que exista un auténtico problema, una pregunta genuina, es necesario que la realidad sea interrogación por lo absoluto, por una explicación última, por una causa primera; si el problema se presenta como explicación última, se confunde el problema con la solución.

Si aplicamos estos conceptos a la demostración de la existencia de Dios, el problema adquiere un enfoque distinto al que le

---

[11]   Cf. Giovanni Romano Bacchin, *Originarietà e mediazione nel discorso metafisico,* Jandi Sapi, Roma 1965.

dan Vanni Rovighi y Bontadini. En lugar de afirmar, como hace Bontadini, que el devenir es contradictorio, Marino Gentile —como ya se ha dicho— sostiene que es problemático. Decir que es problemático significa que no se explica por sí mismo, es decir, que necesita ser explicado.

Ahora bien, si alguien objeta que no está dispuesto a admitir esto, se le puede oponer el argumento de Bacchin, según el cual la problematicidad es improblematizable. Además, puede señalarse que no solo nuestra experiencia cotidiana, sino toda la historia de la humanidad está completamente inmersa en los problemas: en una búsqueda continua de respuestas a cuestiones como la muerte, los conflictos, el sufrimiento, etc. Estamos inmersos en los problemas; nuestra existencia demanda continuamente razones, explicaciones, como lo muestran los ejemplos mencionados hace un momento. Pensemos en la historia entera de la humanidad y en su incapacidad para explicarse por sí misma. Estamos muy lejos de la visión hegeliana según la cual lo real es racional, en el sentido de que es autosuficiente y se explica por sí mismo. La propia vida da testimonio de su problematicidad. Ahora bien, si el mundo de la experiencia es problemático, está claro que no se explica por sí solo y no es autosuficiente. Debe, por tanto, existir un Absoluto que lo trascienda y dé razón de él.

Esta es, quizá, la modalidad más moderna, actualizada y rigurosa de presentar una prueba de la existencia de Dios. No se trata, obviamente, de una demostración en sentido estricto, sino de una argumentación filosófica rigurosa, capaz de crear un espacio razonable en el que sea posible abrirse a la Revelación y acoger la fe.

Dado que este mundo es problemático, entonces —para Gentile— no es el todo, no es el Absoluto; por tanto, debe existir un Absoluto que lo trascienda, es decir, Dios. Esta es, a mi juicio, la formulación más rigurosa que puede darse de las pruebas de la existencia de Dios.

APÉNDICE

En 1965, en el ya mencionado Congreso Tomista Internacional, participé con una intervención en la que criticaba el siguiente silogismo, derivado de las pruebas tradicionales de la existencia de Dios:
- El devenir implica lo inmóvil.
- El devenir existe.
- Por tanto, lo inmóvil existe.

A la luz de los logros especulativos alcanzados por Marino Gentile, propuse una reformulación de este silogismo mediante la sustitución del término medio.
- La problematicidad implica el Absoluto.
- La problematicidad existe.
- Por tanto, existe un Absoluto que trasciende la problematicidad.

De este modo pueden evitarse todas las dificultades a las que se enfrenta la tesis de Severino, según la cual, si el devenir es contradictorio, entonces el devenir no existe[1].

---

[1]   Cf. Enrico Berti, «In quale senso si può parlare oggi di dimostrazione dell'esistenza di Dio?», en Congressus Thomisticus Internationalis, *De Deo in philosophia. S. Thomae et in hodierna philosophia. Acta 6. Congressus Thomistici Internationalis*, op. cit., vol. II, pp. 168-179.

Además, el intento de Bontadini de salvar el devenir mediante el teorema de la creación no resuelve el problema: se termina, de hecho, asumiendo que Dios mismo ha creado una realidad contradictoria. Por tanto, la contradicción no sería superada, sino incluso consagrada.

A través del planteamiento de la problematicidad del devenir se regresa, en cambio, a las posiciones de Vanni Rovighi, con las cuales me siento más en consonancia. En 1978, la *Rivista di filosofia neo-scolastica* publicó una reseña de Bontadini a los *Elementos de filosofía* de Sofia Vanni Rovighi. Junto a numerosos elogios, Bontadini expresó también un punto de desacuerdo:

> La autora antepone un esquema general de las cinco vías de santo Tomás. Estas son cinco porque cada una muestra un síntoma de *contingencia*. Se define lo contingente como «aquello que está en acto, que existe, pero que también podría no existir». A continuación, se afirma que «la realidad contingente no tiene en sí misma la razón de su ser, y por tanto debe tenerla en otro, debe depender de otro, debe ser causada». Esta afirmación no va seguida de ninguna demostración. Dado que en el esquema mencionado la autora establece como fundamento especulativo —junto con la experiencia— únicamente el principio de no contradicción, debe entenderse que el término *razón*, que aparece en la afirmación, significa que, si no se afirmara lo *otro* respecto de lo contingente (como causa del propio contingente), surgiría una contradicción. Pero es precisamente este surgimiento lo que no se tematiza[2].

Sustancialmente, Bontadini acusa a Vanni Rovighi de sostener que el devenir necesita una razón, es decir, una explicación, pero sin demostrarlo. En este caso, me inclino a defender a Vanni Rovighi, porque no es necesario demostrar la existencia de una razón: es el propio acto de preguntar el que exige que haya una razón. Si alguien niega que deba haber una razón, eso significa que se niega

---

2   Gustavo Bontadini, «Gli Elementi di filosofia di Sofia Vanni Rovighi», en *Rivista di filosofia neo-scolastica*, LXX (1978), pp. 303-308.

a preguntar, es decir, que no formula preguntas y que no adopta una actitud de problematicidad. En este punto, Vanni Rovighi, al afirmar que la realidad contingente no tiene en sí misma su razón y que debe, en cualquier caso, tener una razón, reafirma —con otros términos— el carácter problemático de la experiencia.

NOTA

Por invitación de la editorial Morcelliana, Enrico Berti decidió publicar —más de diez años después de su realización— la transcripción comentada que yo había preparado, para nuestro uso interno (es decir, con el fin de favorecer el diálogo entre nosotros, que siempre ha sido muy intenso en torno a estos temas), de sus clases impartidas en la Facultad de Teología de Lugano en 2009 sobre las pruebas filosóficas de la existencia de Dios. En aquel entonces, no pensaba que aquellas páginas acabarían tomando la forma de un libro. En los últimos meses, Berti me había informado de que había vuelto a trabajar sobre esos apuntes. Esto me reconforta, porque realmente no me habría gustado haber añadido involuntariamente demasiada «harina de mi costal» a una mezcla original tan valiosa. En cualquier caso, lo que sí entró en ella fue aceptado por Berti de manera consciente.

Solo quiero precisar con estas líneas que, aparte de la revisión final de las pruebas del texto preparado por el autor —fallecido el 5 de enero de 2022, antes de poder llevarla a cabo—, mi contribución a la redacción de este libro ha sido mínima. La única aportación que he hecho —si es que puede decirse así— ha sido haberlo discutido extensamente con Berti, empezando por la decisión de no comenzar por Platón, tanto antes como después de aquel curso.

Aprovecho la ocasión para agradecer a la editorial la decisión de publicar este texto. Esto ha permitido dar nueva vida, en forma escrita, a la voz de uno de los más grandes estudiosos italianos sobre un tema que es —y seguirá siendo— de la máxima relevancia, sea cual sea el punto de partida —y de llegada— de la reflexión de cada cual.

Luca Grecchi

ÍNDICE DE NOMBRES